JESÚS ama a los nerds

EDWIN RIVERA

CÓMO TRABAJAR CON JÓVENES DIFERENTES E INGENIOSOS

JESÚS ama a los nerds

EDWIN RIVERA

CÓMO TRABAJAR CON JÓVENES DIFERENTES E INGENIOSOS

 Vida®

La misión de Editorial Vida es ser la compañía líder en comunicación cristiana que satisfaga las necesidades de las personas, con recursos cuyo contenido glorifique al Señor Jesucristo y promueva principios bíblicos.

JESÚS AMA A LOS NERDS, CÓMO TRABAJAR CON JÓVENES DIFERENTES E INGENIOSOS
Publicado por Editorial Vida – 2013
Miami, Florida

CONTENIDO

PRÓLOGO

Recuerdo que de niño y adolescente jugaba en la calle con mis amigos algún partido de baloncesto o béisbol a fin de compartir y mostrar esa vena competitiva que todos llevamos dentro. Cada proceso de selección se marcaba con algún ritual que dependía de encestar el balón en el canasto o agarrar el bate en el aire mientras alguien lo pateaba. El primero que pudiera hacerlo, tenía el privilegio de seleccionar de entre los presentes quién formaría parte de su equipo. Claro está, el escogido comenzaba por los más atléticos y habilidosos. Si llegaba un chico nuevo, su apariencia física y su jerga lo convertían en un potencial candidato para ser elegido o descartado. Si era muy flaquito o gordito, y si su vestimenta no era «cool», se desencadenaba la pelea para evitar escogerlo. Ni hablar de que fuera uno de esos «estofones», «nerds», «comelibros», «ñoños» o «ratones de biblioteca»... en ese caso, mejor era ni aparecerse. Nadie los quería. En ocasiones, algunos preferían jugar con menos integrantes que incluir en el equipo a un nerd. No pertenecían a la cancha. Su lugar era la biblioteca. No había sitio para ellos con los chicos populares. En ese momento no comprendíamos ese dicho que dice: *«No molestes a un nerd, acuérdate de que puede ser tu jefe en el futuro».*

Como líderes de jóvenes tenemos la responsabilidad de promover un ministerio que cultive el respeto, la valorización y el cuidado de todos los chicos que sean parte de nuestro ministerio. Debemos luchar constantemente con los grupos y acciones excluyentes que marginen a chicos cuya única «imperfección» es ser muy inteligentes y que se consideren nerds. No podemos negar el daño que se ocasiona cuando nos enfocamos en lo visible y no cuidamos el corazón de los chicos. Estamos llamados a ver el potencial y a ser promotores de las vocaciones que sirven para toda la vida, no a desarticularlas en pleno desarrollo. Lamentablemente, muchos de estos chicos incomprendidos abandonan la iglesia al no ser aceptados ni desafiados en su intelecto, sin que se tenga en cuenta el plan de Dios para ellos. Algunos se convierten en grandes pensadores o empresarios que no consideran a Dios ni a la iglesia como referentes de oportunidades. Por eso es importante que nuestro trabajo pastoral cuente con herramientas sólidas que dejen ver que estos chicos tienen un lugar en el corazón de Jesús y son instrumentos extraordinarios para el reino de Dios.

Considero que Edwin Rivera Manso es la persona idónea para dirigirte en esta reflexión. Lo conocí cuando tenía apenas dieciséis años y era el típico «nerdito» que sabía mucho y tenía gran capacidad, pero que no contaba con la chispa de esos chicos populares o excéntricos que tienden a ocupar los lugares de mayor protagonismo en los ministerios juveniles. Sin embargo, el gran cuidado de sus líderes de jóvenes y la búsqueda de un espacio para incluirlo han hecho de él un instrumento que ha bendecido a miles de vidas con su intelecto, sabiduría y cariño. Él ha sido pastor de jóvenes de una de las iglesias más influyentes de Puerto Rico, motivador de diversas empresas y programas de televisión, así como conductor radial de uno de los programas de radio de mayor difusión en el país. Hoy es un gran pastor de una iglesia creciente y pujante que semana tras semana se ve desafiada con su brillantez y pasión por el evangelio. Este «nerdito» que fue aceptado, incluido e inspirado, hoy es uno de los comunicadores más influyentes de todo Puerto Rico.

En Especialidades Juveniles creemos que las personas son más importantes que los programas, y que las preguntas son tan importantes como las respuestas. El libro que tienes en tus manos es un material de primera mano que te dirigirá a desarrollar tu convicción en esos fundamentos. Transformará tu ministerio en algo más que una propuesta de trabajo para acompañar a los «nerds» de la iglesia y la comunidad. Te ayudará a desarrollará una visión amplia de lo que encontramos en el texto bíblico, la cual puede darte oportunidades de hacer las preguntas pertinentes a fin de desafiar a tu grupo de jóvenes con un criterio amplio de aceptación e inclusión, creando el espacio familiar que tanto anhelan estos chicos. Lo mejor de todo es

que provocará que veas las grandes posibilidades que hay de que
estos chicos y chicas sean grandes emprendedores en el reino
de Dios, sin caer en los clichés vacíos y carentes de contenido.
Así que disfruta la lectura. Mira a ver a quién puedes inspirar
en tu grupo de jóvenes. Nunca sabes si hoy estás ante alguien
que ocupará la presidencia de tu nación el día de mañana, será
el próximo decano de alguna universidad reconocida, un nuevo
empresario que pueda ser un promotor de inversiones en la vida
de otras personas o alguien que pueda pastorearte en el futuro.

Bendiciones.

Eliezer Ronda Pagán
Director de Especialidades Juveniles Puerto Rico

INTRODUCCIÓN

Debo comenzar este libro haciendo una confesión: *El que escribe ha sido durante toda su vida un nerd.* Así que escribirlo es hasta cierto punto (no sé exactamente cómo catalogarlo) un desahogo, una terapia, una consejería, un monólogo, una catarsis o una mezcla de todo ello. Creo que los nerds constituimos una especie, ¡y no precisamente en peligro de extinción! Es más, creo que todo grupo de amigos o amigas de cualquier escuela, club, organización deportiva, grupo juvenil eclesiástico, grupo universitario o formado por compañeros de trabajo, no está completo si no cuenta con un nerd.

Ser nerd es algo de lo que uno nunca se cura: se aborda toda la vida desde esa perspectiva. ¡Lo lleva uno en la sangre! Es posible estilizarse o superarse. Pero las acciones siempre lo delatan: contar ese chistecillo inteligente del que solo uno se ríe porque nadie más lo entiende; formular una pregunta que a nadie más se le hubiese ocurrido; lanzar palabras o formas de expresión que en medio de un ambiente grupal de bromas hacen que se detenga la risa general porque la gente no capta lo que aportan al tema; disfrutar de esas películas o documentales que los demás detestan, pero que a uno, por razones que ni siquiera entiende, le encantan. Además, el hecho de siempre estar leyendo, estudiando, mostrándose deseoso de aprender. Y realizar tareas extras que no se le pidieron, pero que uno se siente en la obligación de completar.

Bueno, si te has sentido retratado en el párrafo anterior, admítelo, tú también formas parte de esta especie o de esta raza llamada nerd. ¡Sí, creo que raza o especie es un buen término! Si te encuentras en plena adolescencia, esa capacidad hace que el mundo se vuelva complicado y en ocasiones te sientas incómodo, porque gratuitamente atrae la mofa y burla de los demás sobre ti.

Pero cuando rebasamos la adolescencia y continuamos creciendo, aprendemos a utilizar todas esas habilidades de una manera coherente y funcional. En plena adolescencia, somos como David Banner, que no sabe cuándo saldrá de su interior ese Hulk nerdiano indomable que lleva dentro. Pero créeme, cuando crecemos, descubrir ese don, comulgar con él y disfrutarlo es como formar parte de la sociedad de mutantes de los Hombres X (X Men).

He utilizado una palabra muy interesante para describir esta característica: «don». Un don es un regalo. En la teología cristiana se usa para hablar de un «carisma», de una «habilidad especial» que otorga el Espíritu Santo a los creyentes para hacer la obra de Dios en el mundo. Los dones se conectan con dos cosas: el *plan* de Dios para la vida y el *diseño* de Dios en nosotros. Así que, si me permites decirlo, Dios ha colocado en ti esta gran bendición para el cumplimiento de su propósito y para completar a través de ti grandes cosas aquí en la tierra. Tu capacidad intelectual y tu inteligencia fueron ideadas en el cielo desde antes que nacieras. Eres un ser muy especial. Así que ahora que lo sabes oficialmente, ¡te doy la bienvenida al mundo de los nerds!

Está bien, pero parece que en nuestra escuela, universidad, o lugar de trabajo, la gente no lo aprecia de igual forma. El término nerd en la escuela es como una etiqueta, como una maldición. Como una piedrecilla. Como un chicle en el zapato. O peor aún, en el pelo, ya que por más que intentamos sacarlo, una vez pegado, resulta difícil zafarse de él.

La caracterización de los nerds es un tanto peyorativa, ya que se trata de un estereotipo negativo de la persona que se aboca por completo al estudio, a la labor científica, informática o intelectual hasta el punto de mostrar desinterés por las actividades sociales, físicas y deportivas. A diferencia de un intelectual, científico o ingeniero normal, el estereotipo del nerd es el de una persona con una conducta obsesiva por aquellas actividades, hasta un punto que limita su participación en otros campos.

Hay ciertas características tradicionalmente asociadas con los nerds: Muestran desinterés por todo deporte o actividad recreativa física y por la moda, y suelen vestir de manera conservadora y ser muy raquíticos u obesos debido a la falta de ejercicio. Observan una conducta social retraída; son tímidos, nerviosos y débiles. Muestran dificultad para interactuar con el otro sexo. Manejan conocimientos detallados sobre ciencias naturales, historia, informática y datos sobre otros temas usualmente considerados como aburridos o imprácticos. Son fans (en algunos casos obsesivamente) de los comics, de las sagas de ciencia ficción como Star Trek y Star Wars, de los juegos de roles y de todo tipo de videojuegos. En algunos casos, padecen desajustes médicos o psicológicos como alergias, acné, dificultades de la visión y problemas en su interacción social. [1]

Tal vez por eso tengas este libro en tus manos. Claro, además de ser un ratón de biblioteca confeso de Especialidades Juveniles, y de que ahora que eres líder del ministerio juvenil te interesas por pastorear y alcanzar a los jóvenes y adolescentes para Jesús. Creo que este libro te abrirá puertas para conocer más sobre el tema y resultar más eficaz a la hora de entrar al mundo de los adolescentes catalogados como nerds dentro de nuestros grupos juveniles. Y parto de mi experiencia. Te abriré las puertas de mi corazón para que sepas de dónde vengo, pues yo fui ese chico en la escuela y en el ministerio juvenil. Pero dos líderes juveniles salvaron a este nerd declarado.

Descubrí que la Biblia estaba llena de gente como yo; que había un nerd en cada rincón de sus historias. En el transcurso de la narración descubrirás la historia de hombres y mujeres de las Escrituras que con toda seguridad, lo repito, con toda seguridad, debieron haber sido tremendos nerds durante su adolescencia. En cada capítulo encontrarás una historia bíblica narrada a partir de los detalles que nos ofrecen las Escrituras, pero siguiendo de manera imaginativa las pistas que encontramos allí para descubrir la naturaleza nerd de algunos personajes. ¡Te aseguro que disfrutarás de cada una! Arrojarán nueva luz para que puedas estudiarlas

---

[1] Todo estos datos los obtuve de un artículo de http://es.wikipedia.org/wiki/Nerd. Se que no se trata de una fuente de mayor rigor científico o credibilidad, pero me pareció instrumental para lo que planteo. En todo caso, lo cito y lo pongo en conocimiento de ustedes.

y predicarlas. Tus adolescentes disfrutarán al redescubrirlas de esta manera. Sobre todo tus nerds.

También quiero compartir herramientas contigo. Cada capítulo está equipado con una buena serie de anécdotas de la pastoral juvenil y con estrategias que te permitan desarrollar un ministerio inclusivo de los nerds. O como yo lo llamo, «a prueba de nerds». Estas enseñanzas se resumen de manera comprensiva en el capítulo final. Pero no vale saltar al final sin disfrutar de la lectura de todo el texto. (Aunque, como buenos nerds, siempre leemos todo sin que nos lo pidan.) Y hallarás también un capítulo peculiar sobre cómo trabajar en algunos casos en los que, por el contrario, el problema no es un I.Q. elevado.

De algo estoy seguro, como afirma el título de este libro: «Jesús ama a los nerds». Creo que Jesús estaría del lado de cualquier adolescente o joven que por motivos de su inteligencia, apariencia, características o modo peculiar de ser hubiese quedado excluido o marginado. Creo que se sentaría al lado de ese chico al que nadie escoge para permitirle participar de los deportes en su equipo porque no tiene la habilidad necesaria. Creo que se sentaría a la mesa del almuerzo con la chica que no encuentra espacio dentro del grupo de las muchachas más populares y bellas de la escuela.

Creo que hubiese sido capaz (aunque experimentara burlas) de usar lentes, frenillos, tirantes y ropa conservadora o descombinada con tal de acercarse a esos a los que se les tilda de «cerebros», «sabihondos», «ñoños», «traga libros». Es lo que la Biblia nos indica que hizo:

> [5] Tengan la misma actitud que tuvo Cristo Jesús.
> [6] Aunque era Dios,
> no consideró que el ser igual a Dios
> fuera algo a lo cual aferrarse.
> [7] En cambio, renunció a sus privilegios divinos;
> adoptó la humilde posición de un esclavo
> y nació como un ser humano.
> Cuando apareció en forma de hombre,

[8] se humilló a sí mismo en obediencia a Dios
y murió en una cruz como morían los criminales.

Filipenses 2:5-11
Nueva Traducción Viviente (NTV)

¡Que su ejemplo nos inspire y que este libro sea una buena
excusa para intentarlo!

Capítulo 1
Jobs, Gates, Spielberg y Zuckerberg... ¡Bienvenido al mundo de los nerds!

> [19] Y el rey habló con ellos, y no fueron hallados entre todos ellos otros como Daniel, Ananías, Misael y Azarías; así, pues, estuvieron delante del rey.
> [20] En todo asunto de sabiduría e inteligencia que el rey les consultó, los halló diez veces mejores que todos los magos y astrólogos que había en todo su reino.

Daniel 1:19-20
Reina Valera 1960 (RVR1960)

El siglo XXI parece ser el siglo de los nerds. Creo que nunca antes habíamos contado con tantos nerds, ni habían sido tan bien vistos y tan bien cotizados. Es más, me parece imposible que no conozcas a los cuatro caballeros que forman parte del título de este capítulo. Nuestra vida se ha visto afectada y ha sufrido cambios drásticos a causa de ellos. Si te gusta la tecnología, las computadoras, el cine y el entretenimiento, sabrás que estos cuatro titanes nunca caerán en el olvido. Y en definitiva, ¡más apariencia y cultura nerd no se puede pedir de ellos! ¿No lo crees?

Si tienes un Ipad, un Ipod, una computadora MAC, o has entrado alguna vez a comprar una canción en Itunes, definitivamente has sido tocado por su conceptualizador: Steve Jobs. Jobs cambió la forma en que el mundo compra, adquiere y escucha música. Tus padres compraban casetes o CD's; tus abuelos, discos en vinilo y «eight tracks»; tú compras canciones y álbumes de manera digital. Con el lanzamiento del Ipod en el 2001 y la apertura de Itunes en el 2003, en siete años, Jobs ha vendido más de 10.000 millones de canciones y ha dominado por completo el negocio de la música en linea, a un precio de US$0,99 por canción descargada.[1] Ya en 2009 logró acaparar el veinticinco por ciento de la venta de música en los Estados Unidos, y esa se transformó en la mayor tienda musical de la historia, considerando su volumen de ventas. Según el registro de patentes de los Estados Unidos, 317 patentes de Jobs figuran a nombre de Apple.[2]

Jobs se convirtió literalmente en el icono nerd de la tecnología. Fue un hombre excéntrico, barbudo, vegetariano y siempre vestido de la misma manera: camiseta negra cuello de tortuga, espejuelos de lentes pequeños y redondos, *jeans* (vaqueros, mahones) y zapatillas blancas. Como si nunca hubiera superado los años 60 ni la onda de John Lennon, con el que guardaba un enorme parecido. Sus conferencias de prensa y el lanzamiento de sus productos eran cubiertos en un nivel mundial, y la llegada a las tiendas de sus creaciones ocasionaba largas filas, de días y días, y el frenesí de sus seguidores tecnológicos. Lamentablemente, falleció a los 56 años debido a un cáncer pancreático.

El archi rival, o competidor más acérrimo de Apple, sin lugar a dudas, ha sido Microsoft. Si escribes cartas en Word, presentaciones en Power Point, o usas Excel para llevar registros o cuentas, indiscutiblemente has sido impactado por el genio de su creador: Bill Gates (fundador de Microsoft a finales de la década de los 70). Él creó el sistema operativo que permitió que todos esos programas funcionaran: Windows. Desde el comienzo del tercer milenio, el sistema operativo Microsoft Windows (en todas sus versiones) se utiliza en la mayor parte de los ordenadores personales del planeta.[3] Gates ocupa el segundo lugar entre los hombres más ricos del mundo, según la revista *Forbes*, con una

---

[1] http://www.lanacion.com.ar/1412352-por-que-steve-jobs-fue-uno-de-los-ceo-del-siglo. Acceso obtenido viernes 29 de marzo de 2013.

[2] http://www.applesfera.com/apple/la-itunes-store-acapara-una-cuarta-parte-de-las-ventas-de-musica-en-los-estados-unidos. Acceso obtenido viernes 29 de marzo de 2013.

[3] http://www.w3counter.com/globalstats.php. Acceso obtenido viernes 29 de marzo de 2013.

fortuna de 65 mil millones de dólares. ¡Este libro está en tus manos y fue escrito gracias a su creación!

Ahora, si del cine se trata, alguna de las películas que otro de estos genios ha dado a luz tienen que haberte impactado. Sin lugar a dudas, Steven Spielberg, por derecho propio, se ha ganado un lugar en la meca del cine. A continuación aparece una lista de las 10 películas que han alcanzado la mayor recaudación en los Estados Unidos. Spielberg escribió el guión, o las dirigió, o las produjo o actuó en ellas, según la web Box Office Mojo. No se incluyen las películas en las que representó un papel menor o apareció como un cameo. Las películas de Spielberg han recaudado (solo en EEUU) un total de más de 3.500 millones de dólares, con una media de 156 millones de dólares por película. [4]

Posición	Título	Recaudación*
1	E.T.: El Extra-Terrestre	435
2	Transformers: la venganza de los caídos	402
3	Jurassic Park	357
4	Transformers 3: el lado oscuro de la luna	352
5	Transformers	319
6	Indiana Jones y el reino de la calavera de cristal	317
7	Los cazadores del arca perdida	242
8	La guerra de las galaxias	234
9	Jurassic Park III	229
10	Rescatando al soldado Ryan	216

*en millones de dolares

Y este es solo un listado de las 10 más taquilleras. La lista es larguísima e impresionante. Siete veces ha sido candidato a los Premios Oscar en la categoría de mejor director, y lo obtuvo en

---

[4] http://www.imdb.com/name/nm0000229/. Acceso obtenido viernes 29 de marzo de 2013.

dos ocasiones, con *La lista de Schindler* (1993) y con *Rescatando al soldado Ryan* (1998). Y tres de sus películas (*Jaws* de 1975, *E.T.: El Extra-Terrestre* de 1982 y *Jurassic Park* de 1993) lograron un récord de taquilla, convirtiéndose en las películas de mayor recaudación en su momento. Ha sido también condecorado con la *Orden del Imperio Británico* y con la *National Humanities Medal*. Como un buen nerd, es gran aficionado a los «comics» y posee una gran colección que incluye el número 1 de la revista MAD. [5]

He dejado para el final el nombre del joven que cambió nuestras vidas y ministerios juveniles para siempre. Creo que el ministerio de jóvenes puede dividirse en dos etapas: «antes de Facebook» y «después de Facebook». ¿No les parece? ¡Resulta increíble que Facebook, que todavía no ha cumplido una década desde su aparición, parezca llevar con nosotros toda una vida! Facebook fue lanzado el 4 de febrero de 2004. [6]

Si somos usuarios, ya sabemos de qué se trata el asunto: mantenernos pendiente de nuestros «amigos», verificar las últimas «noticias», mirar las fotos de lo que pasó, escribir nuestros comentarios para ver quién nos da un «me gusta», tomarnos una foto y subirla para que se enteren de lo que hacemos. O nada... estamos aburridos... con poco que hacer... *¡deja ver que hay en Facebook!*

Mark Zuckerberg, su creador, actualmente es el personaje más joven que aparece en la lista anual de multimillonarios de la revista *Forbes,* con una fortuna valorada en más de 9.400 millones de dólares. Fue elegido como *Persona del Año* en 2010 por la publicación estadounidense *Time Magazine*, una prestigiosa revista de circulación popular.

La historia del éxito de estos cuatro mosqueteros, **Jobs, Gates, Spielberg** y **Zuckerberg,** seguramente nos parece impresionante. Pero si volviéramos el tiempo atrás, ¿podríamos imaginar cómo

[5] http://www.laopinioncoruna.es/portada/2010/08/15/lucrativo-arte-comics/410965.html. Acceso obtenido viernes 29 de marzo de 2013.

[6] http://answers.yahoo.com/question/index?qid=20080229032031AADuCmE. Acceso obtenido viernes 29 de marzo de 2013.

habrá sido la niñez y adolescencia de estos «cuatro jinetes del Apocalipsis»? Tal vez ellos, que en su adultez son venerados, pues *«se comen a los niños crudos»* por ser *«fuertes»* e *«innovadores»*, hayan recibido burlas y rechazos y sido catalogados como nerds. Este es el cuadro de sus características: poca o ninguna aptitud atlética; afición por pasatiempos solitarios; inteligencia sobresaliente y genial; vocabulario raro (altamente tecnológico); y para colmo, un gusto horrendo en cuanto a la moda (muy en especial en el caso de Steve Jobs). Me atrevo a asegurar que, sin lugar a dudas, por su trasfondo «nerdiano» ellos también deben haber sido marcados por muchas historias de dolor y rechazo.

¡La Biblia está llena de nerds!

Ahora bien, al redactar este libro me di cuenta de este detalle interesante: ¡La Biblia está llena de nerds! Y en la lectura de los próximos capítulos lo vamos a descubrir juntos. Así que quiero darte la más cordial bienvenida al mundo de los nerds.

Así como estos cuatro titanes nerds de nuestra cultura contemporánea lograron el éxito precisamente por sus capacidades intelectuales, la Biblia nos narra la historia de cuatro jóvenes que alcanzaron el éxito también por esas mismas habilidades. Se trata de Daniel y sus amigos. Es una historia llena de dolor y a la vez de persecución, como las que viven muchos de los jóvenes a los que orientamos y pastoreamos en el ministerio juvenil.

Daniel y sus compañeros en Babilonia

¹ En el año tercero del reinado de Joacim rey de Judá, vino Nabucodonosor rey de Babilonia a Jerusalén, y la sitió.
² Y el Señor entregó en sus manos a Joacim rey de Judá, y parte de los utensilios de la casa de Dios; y los trajo a tierra de Sinar, a la casa de su dios, y colocó los utensilios en la casa del tesoro de su dios.
³ Y dijo el rey a Aspenaz, jefe de sus eunucos, que trajese de los hijos de Israel, del linaje real de los príncipes,
⁴ muchachos en quienes no hubiese tacha alguna, de buen

parecer, enseñados en toda sabiduría, sabios en ciencia y de buen entendimiento, e idóneos para estar en el palacio del rey; y que les enseñase las letras y la lengua de los caldeos.

⁵ Y les señaló el rey ración para cada día, de la provisión de la comida del rey, y del vino que él bebía; y que los criase tres años, para que al fin de ellos se presentasen delante del rey.

⁶ Entre éstos estaban Daniel, Ananías, Misael y Azarías, de los hijos de Judá.

Daniel 1:1-6
Reina Valera 1960 (RVR1960)

Cuando leemos estas historias bíblicas, a veces no logramos captar en la narración el dolor que hay detrás de ellas, o no podemos imaginarlo. Estos muchachos de buenas a primeras fueron apresados con violencia, arrancados del seno maternal y paternal, de junto a aquellos que los habían visto nacer, para ser obligados a caminar durante meses bajo condiciones de esclavitud y trasladarse de Jerusalén a Babilonia. Fueron a vivir lejos de su familia, dentro de una cultura hostil a su nación, a su fe y a su Dios. Suponemos, al escuchar la historia, que Daniel y sus compañeros eran amigos desde Jerusalén; pero tal vez la situación de cautiverio los juntó e hizo que se volvieran amigos. A veces el dolor tiene la capacidad de sensibilizarnos para que podamos descubrir en otros, que viven circunstancias como las nuestras, un terreno para la solidaridad.

Me llama la atención que este fuera un apresamiento selectivo. Las instrucciones de Nabucodonosor habían sido muy específicas sobre el perfil de búsqueda. Si me lo permiten, se desató una «cacería de nerds». Si, así como sucede en el patio de nuestras escuelas, donde muchos de nuestros adolescentes son maltratados y sufren abusos (sobre todo, nuestros nerds) por no encajar dentro de lo común, dentro de las normas. Por cómo se visten, por cómo se ven, por cómo hablan, por su indefensión. El perfil requerido es lo que nos llama la atención. Notemos las especificaciones que da el rey en los versículos 3 y 4 sobre aquellos que buscaba:

1. *Del linaje real de los príncipes.*

2. *Muchachos en los que no hubiese tacha alguna.*

3. *De buen parecer.*

4. *Enseñados en toda sabiduría.*

5. *Sabios en ciencia.*

6. *De buen entendimiento.*

7. *Idóneos para estar en el palacio del rey.*

8. *A los que se les enseñase las letras y la lengua de los caldeos.*

No cabe la menor duda: para que estuviesen allí, Daniel y sus amigos debieron haber sido nerds. La mayor parte del perfil de búsqueda se refería a su capacidad intelectual. Que fuesen nerds era la puerta que Dios estaba abriendo para que influyeran sobre la cultura de Babilonia.

Tan pronto llegaron a Babilonia, comenzó el proceso de asimilación:

> ⁷ A éstos el jefe de los eunucos puso nombres: puso a Daniel, Beltsasar; a Ananías, Sadrac; a Misael, Mesac; y a Azarías, Abed-nego.

Daniel 1:7
Reina Valera 1960 (RVR1960)

El comentario de la Biblia Latinoamericana a este versículo señala que los cuatro jóvenes hebreos tenían nombres que honraban al Señor, al Dios de Israel. Y que el cambio se llevó a cabo con el propósito de identificar a los cuatro jóvenes con la cultura babilónica.[7] Una de las circunstancias que enfrentan nuestros jóvenes nerds, o talentosos, académicamente hablando, es el rechazo que experimentan por destacarse en lo intelectual.

---

[7]   Para más información sobre el cambio de los nombres, ver el capítulo 4 sobre la historia de Ester en la sección titulada: **Ayuda a las Esteres y a las Bettys de tu ministerio para que no les cambien el nombre.**

Algunos, por la presión del grupo, y aun teniendo la capacidad, prefieren rezagarse y fracasar en lo académico para armonizar con el nivel de sus pares. Resulta de vital importancia que animemos a aquellos jóvenes que poseen dotes intelectuales a que se cultiven, pues se trata de una bendición que Dios ha puesto en ellos para abrirles puertas importantes en el futuro.

El problema principal en nuestros ministerios es que existe un interés, a veces excesivo, por darle protagonismo a las habilidades artísticas. Y eso nos lleva a desarrollar programas de música, canto, danza, actuación, deportes y otras cosas semejantes, y a descuidar las capacidades de corte intelectual o académico. Y aquellos cuyas habilidades van por esta vertiente se encuentran desplazados una vez más, pero ahora dentro del grupo juvenil, del mismo modo en que les sucede en muchísimas ocasiones en sus escuelas.

Daniel significa «Dios es mi juez», mientras que el nuevo nombre, Beltsasar, significa «Bel, protege su vida», dando por sobreentendido que el sujeto de la frase es un dios como Bel o Marduc, y no el verdadero Dios de Israel al que él servía desde su niñez. *Ananías* significa «el Señor ha sido bondadoso», mientras que *Sadrac* significa «soy muy temeroso». ¡Qué triste le resultaría que cada vez que se mencionara su nombre le recordaran que era un cobarde, alguien lleno de miedo, cuando la intención de Dios había sido que él fuera alguien que compartiera la bondad del Señor! Esa era una manera de acoso que la cultura babilónica llevaba a cabo con estos jóvenes. [8]

Misael significa «¿quién es lo que Dios es?», mientras que *Mesac* significa «yo no cuento para nada». ¡Triste manera de minar la autoestima de un joven! Lo peor que podemos hacer en la vida de un adolescente es degradar su concepto personal. En esta etapa de formación y cambios y de «adolecer», o sea, «carecer», es cuando más necesita que se refuerce y estimule su autoimagen. La raíz de todo problema de dependencia, maltrato y violencia está en la cuestión de la autoestima.

---

[8] Dedico una sección en el capítulo 5, sobre Juan el Bautista, a tratar este tema en la sección identificada como **Bullying** o «**Acoso escolar**».

Azarías significa «el Señor ha ayudado», mientras que *Abednego* significa «siervo del que brilla».

¡Proponte en tu corazón NO contaminarte!

En la corte real de Babilonia (es decir, en un ambiente completamente pagano), Daniel y sus compañeros de exilio decidieron no mancharse comiendo alimentos que la ley de Moisés declaraba impuros. Y Dios, en recompensa, les concedió una salud excelente (v. 15) y una sabiduría superior a la de los magos y adivinos del rey (vv. 17,20).[9] El relato nos permite ver que el Señor protege a los que se mantienen fieles a él aun en circunstancias adversas.

Me gusta la expresión que aparece en Daniel 1:8 para mostrar la resolución que tenía este gran hombre de Dios en cuanto a mantenerse íntegro ante su Señor:

> [8] Y Daniel propuso en su corazón no contaminarse con la porción de la comida del rey, ni con el vino que él bebía; pidió, por tanto, al jefe de los eunucos que no se le obligase a contaminarse.

Daniel y sus amigos decidieron abstenerse de la comida que el rey les brindaba, pues la carne y el vino eran sacrificios ofrecidos a dioses paganos. Por eso su inclinación hacia las legumbres y el agua. Y aunque eso les significó un sacrificio, Dios honró su fidelidad.

Resulta interesante que, según el perfil de búsqueda que antes mencionamos, Nabucodonosor no estuviera buscando atletas, artistas, gladiadores, concubinas, salmistas, bailarines. Buscaba intelectuales para ubicarlos en puestos de servicio y de mando alrededor de todo el reino. Y fue allí que estos nerds jugaron un papel protagónico. Con ese fin, Daniel y sus amigos fueron sometidos a una batería de exámenes. Nabucodonosor procuraba encontrar gente competente en lo intelectual y lo académico. Si

---

[9] Nota de comentario de Daniel 1 de la Biblia Reina Valera 1995.

dejo correr mi imaginación, visualizo a los muchachos ante aquellos exámenes de final de curso o ante las pruebas de admisión a la universidad que se toman hoy en día al finalizar la escuela secundaria. Así lo describen las Escrituras:

> [17] A estos cuatro muchachos Dios les dio conocimiento e inteligencia en todas las letras y ciencias; y Daniel tuvo entendimiento en toda visión y sueños.
>
> [18] Pasados, pues, los días al fin de los cuales había dicho el rey que los trajesen, el jefe de los eunucos los trajo delante de Nabucodonosor.
>
> [19] Y el rey habló con ellos, y no fueron hallados entre todos ellos otros como Daniel, Ananías, Misael y Azarías; así, pues, estuvieron delante del rey.
>
> [20] En todo asunto de sabiduría e inteligencia que el rey les consultó, los halló diez veces mejores que todos los magos y astrólogos que había en todo su reino.

Daniel 1:17-20
Reina Valera 1960 (RVR1960)

Estos jóvenes pasaron la prueba con creces. El versículo 17 señala que Dios los había bendecido con un intelecto superior y privilegiado cuando afirma que él les otorgó *«conocimiento e inteligencia en todas las letras y ciencias»*. Su dominio en estos temas era tal en todo asunto sobre el que se les consultaba que no reprobaron ninguna materia, sino que, por el contrario, los cuatro jóvenes fueron hallados por el rey ***«diez veces mejores»*** que todos los magos y astrólogos que había en su reino.

¡Hazlos diez veces mejores de lo que son!

Necesitamos construir ministerios juveniles en los que nuestros nerds también puedan brillar. Nuestros ministerios deberían ser lugares de integración y no de exclusión. Es pertinente celebrar a aquellos que se destacan por sus habilidades estéticas, artísticas, deportivas, de liderazgo. Pero también resulta necesario crear espacios en los que otras competencias puedan ser igualmente celebradas.

A lo largo de mis años de ministerio en la pastoral juvenil, siempre hemos celebrado anualmente el día de los logros para reconocer a nuestros graduados. Y el foco central de esa actividad es destacar que lo académico también tiene importancia, y no solamente el crecimiento espiritual. Algunos ministerios pueden llegar a alentar una actitud que considere a lo académico o lo escolar como no importante en la vida de los adolescentes. Y hacer que inclusive ellos puedan descuidar los estudios porque, después de todo, Dios honra nuestra fe aunque seamos académicamente irresponsables, negligentes o incompetentes.

En tu programa ministerial alienta a los jóvenes a soñar, a apuntar alto y a superarse académicamente. Sé proactivo y entusiasta a la hora de animar a tus jóvenes a que alcancen más de lo que sus familias han alcanzado. Pon entusiasmo en escribir cartas de recomendación para trabajos, becas, oportunidades escolares. Ofrécete como referencia para ayudarlos a adelantar en sus gestiones de progreso laboral o académico ¡No tienes una idea de todas las cartas que tendrás que escribir como líder juvenil comprometido con tus nerds!

Te animo a que asistas a sus graduaciones y a otros eventos de corte académico. Tu presencia será un factor de estímulo. Como líder juvenil, eres alguien sumamente importante en la vida de tus adolescentes y en la de los miembros de tu ministerio. Tu tarea es ayudarlos a ser diez veces mejores de lo que han sido hasta aquí. Que salgan de tus manos listos para ir a Babilonia y triunfar.

Durante mucho tiempo el discurso de la iglesia estuvo dirigido a alentar a los jóvenes a que se apartaran del mundo, e inclusive consideraran como una «fatiga de la carne» los asuntos relacionados con el conocimiento y con la posibilidad de destacarse académicamente. Nuestros ministerios pueden convertirse en semilleros de jóvenes capaces de sobresalir y triunfar en la arena académica para, a través de ello, rescatar a otros e influenciar al mundo. El deterioro acelerado de los medios televisivos, las universidades y los gobiernos se ha debido a que por muchos años no hemos tenido gente calificada para aspirar a llegar a esas esferas.

Hoy Dios ha puesto en tus manos una generación de Danieles en formación, entre ellos nerds, para que con tu ayuda resulten diez veces mejores que hasta ahora. ¿Aceptas el reto?

Capítulo 2
Mi historia: Un nerd parecido a Steve Urkel

[11] Yo sé los planes que tengo para ustedes, planes para su bienestar y no para su mal, a fin de darles un futuro lleno de esperanza. Yo, el Señor, lo afirmo.

Jeremías 29:11
Dios Habla Hoy (DHH)

[10] Nosotros somos hechura suya; hemos sido creados en Cristo Jesús para realizar buenas obras, las cuales Dios preparó de antemano para que vivamos de acuerdo con ellas.

Efesios 2:10
Reina Valera Contemporánea (RVC)

Creo que todo adolescente siempre ha querido y quiere ser el héroe de una historia. En nuestras fantasías personales soñamos con ser el chico o la chica más popular de la escuela; el o la atleta que en el último segundo de juego dé la patada que marque el gol de la victoria; el que enceste de manera increíble desde la media cancha en el baloncesto justo al sonar la chicharra; el que lleve a cabo en el béisbol el batazo de cuadrangular en la novena entrada del juego de pelota, con bases llenas; la chica que gane el concurso de belleza o sea seleccionada como señorita simpatía o reina de corazones en la fiesta escolar.

En el plano romántico, en el caso de los chicos, fantaseamos con hacerle una declaración de amor pública a esa chica que nos derrite el corazón de una manera espectacular y que ella nos diga que sí; o conquistar a aquella chica que los ha rechazado a todos y caminar con ella de la mano por la escuela, para sorpresa (debí decir para «envidia») de todos nuestros amigos. En el caso de las chicas, ser la que reciba una serenata bajo su ventana; o el regalo de una enorme canasta con el peluche más grande, esponjoso y bello que hayamos visto, junto con una petición de noviazgo de parte del chico más maravilloso y guapo que podamos imaginar.

Es más, creo que todos soñamos con parecernos a uno de los superhéroes que tienen planes de salvar el mundo. Con una vida secreta, complicada y aventurera, como la de Peter Parker (Spiderman), Clark Kent (Superman) o el millonario Bruno Díaz (Batman). Con descubrir que tenemos algún superpoder, como los mutantes de los Hombres X. Tal vez con vernos involucrados en una hazaña de película, defender a un amigo o amiga en problemas, o darle una lección al chico abusador o a la chica problemática de la escuela.

Creo que la televisión juega un papel importante dentro de estas fantasías que he mencionado. Todos queremos parecernos a un artista de televisión, a una estrella de la música o a una gran figura del cine en alguna etapa de nuestras vidas, sobre todo en la adolescencia. Algunos hemos querido convertirnos en un clon de alguna estrella de la música, o de algún astro de moda del cine o de la pantalla chica. Si no nos parece verdad, miremos nuestras fotos de adolescentes y luego de reírnos un poco, entenderemos lo que intento decir.

En mi adolescencia el chico más «cool» (genial, chido, verraco, duro) al que yo me quería parecer era Will Smith, «El Príncipe del Rap» (Fresh Prince of Bell Air). El popular actor Will Smith, con películas destacadas como «Ali», «En busca de la felicidad», «Hombres de negro», «Yo, robot», «Las aventuras de Jim West», y «Dos policías rebeldes», cuenta con una lista impresionante de éxitos de taquilla. En su adolescencia y juventud fue protagonista de la popular teleserie «El Príncipe del Rap», que constituyó un éxito en la cadena NBC y se transmitió desde 1990 hasta 1996, época en la que precisamente yo cursaba la escuela intermedia y la superior (los 6 años de la escuela secundaria o la prepa), así que Willy creció conmigo. El programa trataba acerca de la vida de ese adolescente afroamericano de los vecindarios pobres de Filadelfia enviado a vivir con sus tíos, la familia Banks, en el rico y exclusivo vecindario de Bell Air, en California. Tras problemas en el barrio, su madre había decidido enviarlo a vivir con su hermana en busca de mejores oportunidades para él.

Will era el alma de las fiestas, siempre pendiente de lograr enamorar a las chicas de su clase y escuela. Llegó a ser el atleta principal del equipo de baloncesto de una rica escuela de varones en Bell Air. Era un rebelde sin causa, bonachón, simpático, que siempre se metía en grandes líos. Ese constituía el atractivo del programa. Aunque también presentaba algunas buenas enseñanzas.

Mi familia y yo provenimos de un pueblo costero de Puerto Rico llamado Loíza. Ese pueblo del norte cuenta con una gran ascendencia africana, pues históricamente fue uno de los lugares en los que se asentó la población africana traída como esclava por los españoles para cultivar la tierra. Soy puertorriqueño, y muy orgulloso de mi herencia afrocaribeña. Así que la conexión con el personaje de Smith me resultaba perfecta.

Sin embargo, aunque en mis más grandes fantasías yo quería ser un «Príncipe del Rap», tenía un parecido mucho mayor con un nerd, también popular, llamado Steve Urkel.

Un ingrato e infortunado parecido

Concurrente con la transmisión del Príncipe del Rap y de mi héroe Will Smith, se emitía también, para mi desdicha, una serie que se hizo muy popular a causa de uno de sus personajes, que gustó tanto y llegó a tener tanto éxito, que se convirtió en el protagonista. Cosas de Casa (Familly Matters) fue una serie en tono de comedia muy exitosa de la cadena ABC que se produjo durante 9 años, desde 1989 hasta 1997, y trataba sobre una familia afroamericana de clase media que vivía en Chicago, la familia Wisnlow. Esa familia tenía un vecino adolescente que era el epítome, la máxima expresión de un nerd: Steve Urkel.

Usaba unos anteojos muy grandes, con cablecillos que los sostenían. Tenía una voz chillona y una risa molesta y extraña. Era extremadamente flaco, con poca o ninguna habilidad deportiva, pero extraordinariamente aplicado y brillante en lo académico e intelectual. Su vocabulario era florido, inadecuado y a veces hasta inaccesible para sus pares. Andaba muy mal vestido, descombinado, con los pantalones mucho más arriba de la cintura y enrollados abajo, sostenidos por tirantes «siempre pasados de moda». Además, vivía eternamente enamorado de Laura, la hija mayor de la familia Winslow, y obviamente no era correspondido. ¡Qué les puedo decir! En el diccionario, al lado de la palabra nerd, debe haber una foto de Steve Urkel, el personaje encarnado por Jaleleel White.

Diagnosticado con miopía y astigmatismo desde los 5 años y usando lentes de alta graduación desde el jardín de infantes, flaquito, negro y con cierta semejanza al personaje de White, ya se imaginarán que en la escuela intermedia uno de los apodos y sobrenombres con los cuales tuve que batallar, además de nerd y «cuatro ojos», fue «Urkel».

La biografía de un nerd

Ahora, en mi adultez y también desde mi trinchera de lucha como líder del ministerio juvenil, se me antojaba hacía rato escribir este libro para poder hablarle al corazón a los líderes juveniles que tienen que pastorear a jóvenes parecidos a mí durante mi adolescencia.

Provengo de una familia muy unida y amorosa, pero también de escasos recursos. Mis padres decidieron esforzarse para darnos a mí y a mi hermana una mejor educación de la que ellos disfrutaron. Y estos dos negritos (mi hermana Ibis y este servidor) fueron enviados a estudiar a dos excelentes colegios privados: al Colegio Nuestra Señora del Pilar, en el pueblo de Canóvanas, en nuestros primeros años, y luego de la conversión de nuestros padres al evangelio, al Colegio Bautista de Carolina, en el que ambos nos graduamos.

Francamente, eso constituyó un tremendo sacrificio para mis padres. Siempre fui consciente de que las múltiples cosas que hacía mi papá, como fumigar, vender ollas, pintar casas, recoger escombros con su «guagüita» (una *pick up* con cajón), además de su trabajo en el banco, se debían a su empeño por proveernos a sus dos hijos (del barrio Miñi Miñi y de las Parcelas Suarez, sector El Martillo del pueblo de Loíza) una oportunidad. Por eso, para mi hermana y para mí llevar buenas notas a casa era un compromiso personal.

Tuve una infancia maravillosa, con una familia extendida numerosa y muchos primos con los que jugar. Jugué, como todo niño, pero nunca fui bueno como atleta. Tampoco alguien considerado entre los más populares en las cosas que emprendía. Creo que mi mejor atributo era mi capacidad intelectual, que me permitía sobresalir en la escuela. Así que con mi «pinta» y mi desempeño académico, resultó inevitable que me pusieran el sobrenombre de «nerd».

Para ser sincero debo decir que tardé un poco en descubrirme y aceptarme a mí mismo. También había en el medio un asunto de autoestima. En mi temprana adolescencia no me sentía «atractivo». Eso nunca se tornó una situación insuperable o patológica; sin embargo, así lo sentía muy dentro, en lo profundo. Y eso afectaba la visión personal que tenía de mí mismo, mi sensación de seguridad, la forma en que me proyectaba hacia los demás, y otras cosas. Como era estudiante en el área metropolitana y provenía de un sector del país en el que predominaba la raza negra, tuve que aprender a convivir con ciertos prejuicios sociales y raciales. Estos existen, aunque no queramos admitirlo, tanto en nuestra isla como en el resto de América Latina. Y en muchísimas ocasiones se manifiestan de manera sutil y solapada.

Escuché frases como: *M'ijo, cásate con una mujer blanca, para que se mejore la raza. Ese es un negrito, pero un negrito fino, de salón. Mientras unos tienen el «pelo bueno», el tuyo es «malo» o «kinky». Mientras otros tienen labios, tú tienes «bemba»* (forma despectiva de llamarle a los labios gruesos o de una persona negra). ¿Se dan cuenta? El prejuicio es sutil y solapado. Yo no encajaba dentro de los cánones de belleza generalizados, tales como ser fornido o definido muscularmente, tener ojos claros (verdes, azules o de colores extraordinarios), el cabello lacio, el perfil griego, la tez blanca o clara, o habilidades deportivas natas. En mi temprana adolescencia no dominaba ningún instrumento musical, no era solista, no me había destacado como actor... Era solo un nerd. [1]

Un nerd rescatado por dos líderes juveniles

Durante aquella etapa de mi vida, entre los 12 y los 15 años, algo resultó crucial para mí: ser parte de un ministerio juvenil. En la Iglesia Bautista de Medianía Alta en Loíza, donde nos congregábamos, hubo hermanos y hermanas amorosos que decidieron dedicar tiempo a atender a los adolescentes como yo. Doy gracias a Dios por ello y por eso te cuento mi historia. Mi tarea es animarte a que continúes realizando el esfuerzo de dirigir y pastorear un ministerio juvenil. ¡No te imaginas lo importante que eres para algunos de tus jóvenes!

En aquel entonces, tal vez hace unos 20 años, creo que ninguna iglesia en mi país (o quizás solo algunas pocas) tenía programas especializados en pastoral juvenil, o pastores de jóvenes integrando el cuerpo pastoral de la iglesia. Y mucho menos contaban con un presupuesto asignado para invertir en los jóvenes. No existía un espacio propio dentro la iglesia, como un «salón de la juventud», o una «iglesia del joven». Pero yo sí encontré un «lugar» en medio del ministerio juvenil. No se trataba de integrar la banda del ministerio, ni de manejar el equipo de sonido, el proyector digital o las luces. Encontré un espacio y aceptación.

Los miércoles por la noche, en el «kiosko», unas dependencias de madera que tenía la iglesia junto con una terracita rústica, que se usaban como cocina, nos daba clases bíblicas una joven de la escuela superior, Maribel Quiñonez. Ella y su familia habían sido misioneros en el Perú durante varios años. Y hoy en día es

---

[1] Ya en la escuela superior, aprendí a tocar la guitarra y componer. Posteriormente, durante mi época de universitario, participé en el ministerio musical de la iglesia y dirigí por siete años un equipo de alabanza.

una gran actriz de teatro y televisión de nuestro país. Para mí, el haber sido incluido en aquel grupo de jóvenes (algunos un poco mayores que yo) al que ella le impartía enseñanzas bíblicas constituía, sin duda alguna, una gran emoción. Si me lo preguntan, no recuerdo cuál era la casa bíblica que editaba el material. Aquello fue mucho antes de que llegara Especialidades Juveniles. Pero recuerdo el ánimo y el cariño con que ella nos daba la enseñanza. Era genial estar allí, en un lugar del que «yo formaba parte». Estar en la iglesia y ser considerado alguien especial dentro de ella me llenaba. En ese grupo recibí el ánimo y el aliento (además de la formación) para posteriormente convertirme en un líder.

Entre los 15 y 16 años, otra líder juvenil resultó muy significativa para mi vida: Zinnia Alejandro. Era una joven universitaria en aquel entonces, y presidía el ministerio dirigido a la juventud en mi natal Loíza. Bajo su dirección pudimos participar de encuentros juveniles a nivel de la isla, junto con otros jóvenes de nuestra denominación. Promovía actividades que ayudaban a que nos acercáramos a Dios y compartiéramos. Recuerdo que Zinnia tenía tiempo para recibir mis llamadas telefónicas y para hablar de no sé qué. ¡Ahora pienso que le hablé de tantas tonterías! Y ella escuchaba mis conflictos sobre asuntos del corazón y de la escuela. ¡Eso significaba mucho para mí! Creo que nunca les estaré lo suficientemente agradecido a las dos y a otros líderes juveniles que a lo largo de mi vida estudiantil y universitaria estuvieron ahí para apoyarme y ayudarme a transitar la vida cristiana y convertirme en el líder que soy hoy.

Los nerds de tu ministerio necesitan muchísimo apoyo y un esfuerzo adicional de tu parte para integrarlos al círculo. Tras ese joven o esa joven de grandes espejuelos, torpeza innata e inadecuación social, a veces hay historias de dolor, maltrato, burla y críticas. Ser discriminado por el origen étnico que uno tiene, la condición social, la raza, la apariencia física, las discapacidades, y cosas por el estilo, no solo es vil, sino también muy doloroso. Las burlas de mis compañeros y de otros jóvenes que quizás no me conocían, pero se sentían autorizados a mofarse de mí por el parecido con aquel personaje de televisión, eran dolorosas. ¡Me resultaban irritantes!

Para aquel o aquella que no cuentan con la espontaneidad, la extroversión, la gracia física y la sociabilidad de otros, la gestión del líder juvenil por crear un espacio inclusivo y un ambiente de apertura y respeto resultan cruciales para lograr una adaptación e integración ministerial. Mi amiga Alba Toro, ciega de nacimiento y hoy en día trabajadora social con preparación a nivel académico y excelente sierva de Dios, solía decirme de manera jocosa durante nuestro tiempo en la universidad en la que nos conocimos: «Pues, algunas recibieron la gracia de la gacela y otras la del elefante». Por eso insistimos tanto en el factor relacional de la pastoral juvenil. Lo que me mantuvo anclado al ministerio juvenil en medio de las dificultades por las que atravesaba en mi entorno escolar, no fueron los «aditamentos tecnológicos» ni las «instalaciones físicas», sino las relaciones que desarrollé allí.

Un nerd satisfecho y agradecido

Ese tiempo de apoyo y solidaridad fue una inversión en mi persona que realizaron aquellas líderes, y ha pagado grandes dividendos. Durante mis años de escuela secundaria pude encontrarme a mí mismo y capitalizar aquellas habilidades intelectuales y de liderazgo que había en mí. El colegio en el que estudiaba nos proveía valiosas oportunidades de participar en actividades y proyectos académicos y extracurriculares que me aportaron experiencia y me marcaron de manera indeleble.

Nunca fui un as en los deportes, pero contando con la seguridad y la confianza que se habían desarrollado en mí, y estimulado por mi hogar y el ministerio juvenil, pude tomar la iniciativa de integrarme a juegos de baloncesto en estadios cubiertos, hacer ejercicios, comenzar a correr e ir al gimnasio. También optar por puestos electivos en las directivas escolares, tales como tesorero, presidente del comité de actividades, maestro de ceremonias en eventos estudiantiles, y otros. También se me dio la oportunidad de afianzar aquellos dones que el Señor había puesto en mí y comencé a destacarme como predicador juvenil de la Palabra de Dios.

Entonces sí «que no me perdía ni un baile de muñecas». En la escuela superior (secundaria o prepa), Dios me permitió percatarme de que la excelencia académica es una bendición y que ser un nerd paga. Que aquello que había pensado como una carga o como un motivo de vergüenza era una herramienta y parte del plan de Dios para promoverme. Uno de los eventos que recuerdo con mayor regocijo fue haber participado, en el año 1994, de la Ruta Quetzal Argentaria, un proyecto internacional para promover el interés y el desarrollo de la cultura iberoamericana.

Se trataba de una expedición que anualmente, durante el tiempo en el que se celebró, seguía la ruta de algún colonizador español en el Nuevo Mundo para llevar a un grupo de chicos y chicas de escuela secundaria, provenientes de todos los países latinoamericanos y de España, a una aventura de estudios. En 1994 fueron seleccionados diez jóvenes de Puerto Rico, y tras ser nominado como candidato por nuestro colegio, tuve la fortuna de resultar elegido. Ese año se seguía la ruta de Álvar Núñez Cabeza de Vaca, descubridor de las Cataratas del Iguazú en 1542. Eso nos permitió realizar una expedición de aproximadamente dos meses, que comprendía el sur de España (Madrid, Toledo, Sevilla y Granada), Brasil, Paraguay y Argentina. Participamos 400 jóvenes, 200 españoles (España era el país anfitrión) y 200 de diversos países de Latinoamérica. Creo que no hace falta que les diga lo privilegiado que me sentí y la gratitud que tengo hacia Dios por permitirme vivir una experiencia única que jamás, jamás, olvidaré.

Terminé la escuela superior siendo el editor del anuario de mi clase y recibiendo un homenaje durante la graduación, la cual se me dedicó. Bastante bueno para un nerd, ¿no le parece?

Los nerds tenemos esperanzas

Les cuento estas anécdotas sin pretensión alguna, solo abriéndoles mi corazón, para mostrar las maneras extraordinarias en que un joven puede ser bendecido y ayudado por el liderazgo de su ministerio juvenil a ser feliz, productivo y eficaz, y a superarse a fin de cumplir con los planes de Dios para su vida, aun siendo un nerd.

Este capítulo se inicia con dos textos bíblicos como epígrafe, los que han sido para mí de mucha bendición y aliento en algunas grandes encrucijadas de la vida. El capítulo 29 de Jeremías nos cuenta acerca de la carta que recibieron los cautivos de Babilonia de parte del profeta y lo que ella representó para los expatriados: nuevas de Dios en medio de su situación. El libro de Daniel nos narra la vida de cuatro jóvenes israelitas trasladados como esclavos desde Israel a Babilonia. Veamos la narración que hacen las Escrituras:

Carta de Jeremías

29 Yo, Jeremías, les envié desde Jerusalén una carta a los jefes del país y a los sacerdotes, a los profetas y a todos los que el rey de Babilonia se había llevado prisioneros a su país. ²⁻³ Esa carta la envié con Elasá hijo de Safán y con Guemarías hijo de Hilquías. A estos dos el rey Sedequías los había enviado antes a Babilonia, para hablar con el rey de ese país. Cuando yo envié la carta, ya habían sido llevados prisioneros a Babilonia el rey Joaquín, la reina madre, los funcionarios y jefes de Judá, y también los artesanos y los herreros.

Jeremías 29:1-3
Traducción en lenguaje actual (TLA)

Me parece que lo que los cautivos esperaban era escuchar la lectura de una carta que les dijese que pronto vendría el Señor a librarlos del cautiverio (trayendo una paga doble) y a ponerse a cuenta con sus enemigos. Una carta declarando que la liberación estaba cerca. Algo que les diera esperanza en medio de la situación por la que atravesaban. Pero notemos el contenido de esa carta:

⁴ «Yo, el Dios de Israel,
a todos los que llevé a Babilonia:
⁵⁻⁶ "Ya que están allí, construyan casas y vivan en ellas. Cultiven sus granjas y coman los frutos que allí se den. Cásense y tengan hijos; no dejen que su población disminuya. Asegúrense de que sus hijos e hijas también se casen y tengan hijos. ⁷ Además, trabajen para que prospere la

ciudad. Rueguen por Babilonia, pues si la ciudad prospera, también ustedes prosperarán.

Jeremías 29:4-7
Traducción en lenguaje actual (TLA)

¿Podemos imaginar la reacción de los cautivos? Esa no era la carta que estaban esperando. Es más, en ella Dios desautoriza a ciertos profetas que habían comenzado a decir que la liberación sería pronta. Como dicen en mi país, a «vender sueños». De manera categórica, señala:

> [8-9] No se dejen engañar por esos profetas y adivinos que andan entre ustedes, y que usan mi nombre para anunciar sus mentiras. No crean en los sueños que dicen tener. Les aseguro que yo no los he enviado.

Jeremías 29:8-9
Traducción en lenguaje actual (TLA)

También la carta le pone un plazo a la tan ansiada liberación que el pueblo esperaba:

> [10] Ustedes van a vivir unos setenta años en Babilonia. Cuando se cumpla ese tiempo, les prometo que los haré volver a Jerusalén.

Jeremías 29:10
Traducción en lenguaje actual (TLA)

Para mucha gente que recibía la noticia, eso representaba vivir en Babilonia hasta su muerte, sin la esperanza de volver a la tierra que los había visto nacer. Por lo menos dos generaciones estarían bajo esclavitud. Sin embargo, es precisamente dentro de este contexto que Dios derrama una palabra poderosa y esperanzadora:

> [11] Yo sé los planes que tengo para ustedes, planes para su bienestar y no para su mal, a fin de darles un futuro lleno de esperanza. Yo, el Señor, lo afirmo.

Jeremías 29:11
Dios Habla Hoy (DHH)

Es como si Dios mismo estuviera firmando la carta y les garantizara que aun en medio de ese compás de espera y de las dificultades, ellos serían guardados y cubiertos. Y que siempre, más temprano que tarde, los planes de Dios serían de bien y no de mal, porque él tenía en mente un futuro lleno de esperanza para sus vidas.

Tal vez Dios quiera usarte a ti como usó a Jeremías con aquellos cautivos. Quizá te conviertas en un vocero de esperanza para tus nerds. Probablemente nos encantaría poder cambiarlos de escuela, modificar la cultura que los rodea, evitarles el abuso, el dolor y la discriminación. La mofa por ser como son y por actuar como actúan. Pero nuestra tarea es ayudarlos a fructificar en medio de sus propias Babilonias. A integrarse, a crecer, a madurar, a afirmar sus habilidades. Nuestra responsabilidad es señalarles que Dios los creó con dignidad, con un plan y un propósito lleno de esperanza.

El libro de Efesios 2:10 afirma: «Porque somos hechura suya, creados en Cristo Jesús para buenas obras, las cuales Dios preparó de antemano para que anduviésemos en ellas» (Efesios 2:10, RVR60). En mi libro *Transformación sin límites* señalo que la palabra *hechura* en inglés es *workmanship*, la que podría traducirse al español como *artesanía*. Si lo volviera a leer, diría que somos artesanías de él.

A diferencia de una pieza hecha en un molde o de producción en serie, la que es elaborada artesanalmente implica un trabajo realizado a mano, con un proceso detallado. Y eso es lo que el pasaje afirma. Pero cuando leemos el original en griego, la palabra que en la Biblia versión Reina Valera se traduce como *hechura* y en la versión *King James* como *workmanship* es *poeima*, que se traduciría al español como *poema o canción*. Si volviera a leer el versículo, diría que somos el poema o la canción de Dios aquí en la tierra. Yo quiero pensar que somos una canción de amor, pues fuimos creados en Cristo para buenas obras.[2]

---

[2] Edwin Rivera Manso y Héctor Millán, Transformación sin límites, Casa Creación, 2011, pp. 20-21.

¿Tienes la capacidad de ver a tus jóvenes así? ¿Puedes considerar a cada joven inadaptado, problemático o nerd como una canción de amor creada en Cristo para buenas obras? Tal vez eso fue lo que vieron los lideres juveniles detrás de aquel joven de grandes anteojos, parecido a Steve Urkel.

Capítulo 3
Salomón: Un poeta nerd

[6-7] Salomón contestó:
—Dios mío, tú amaste mucho a mi padre David, y fuiste muy bueno con él, porque él te sirvió fielmente, fue un buen rey y te obedeció en todo. Además, permitiste que yo, que soy su hijo, reine ahora en su lugar. Pero yo soy muy joven, y no sé qué hacer.

1 Reyes 3:6-7
Traducción en lenguaje actual (TLA)

Para algunos, el solo nombre de Neil Patrick Harris no evoca ningún recuerdo. Pero él fue protagonista de una teleserie norteamericana de principios de la década de los 90, por la cadena ABC, de la que yo disfrutaba muchísimo en mi adolescencia. El personaje que encarnaba Harris le dio el título a la popular teleserie: Doogie Howser, MD.

La serie trataba de este niño genio, que ya en su adolescencia había culminado la escuela de medicina. (¿Pueden imaginarlo? ¡Aquel sí que era un supernerd!) Howser poseía un intelecto de grado genial y una memoria eidética o fotográfica, mediante los cuales obtuvo una puntuación perfecta en el SAT (prueba nacional de admisión a la universidad en los Estados Unidos) a la edad de 6 años. Completó la escuela superior (bachillerato o prepa) en nueve semanas a la edad de 9 años. Se graduó de la Universidad de Princeton a la edad de 10 y terminó la escuela de medicina en cuatro años. O sea que, a la edad de 14 era el médico matriculado más joven del país. Un artículo de periódico señalaba: «No puede comprar cerveza, pero puede prescribir drogas».

La apertura del programa consistía en un recuento gráfico, a modo de resumen, de los datos ya mencionados. La escena final presentaba una toma de la cámara mostrando a una ronda de médicos, con sus batas blancas, pantalones de vestir en los caballeros, zapatos de tacón alto y medias de nylon en el caso de las damas, siguiendo a un especialista, como suele suceder en las rondas médicas educativas en los hospitales que cuentan con residencias de entrenamiento médico. De repente, cambiaba la toma de la cámara y esta enfocaba, de abajo hacia arriba, los tenis sucios, propios de un muchacho adolescente en pleno desarrollo, y subía por sus jeans, una bata de médico desaliñada, un estetoscopio al cuello y la carita de un adolescente pecoso: Doogie Howser, que era el que dirigía la ronda de clases como médico residente y profesor. ¿Qué les parece? ¿Demasiada ficción, no?

Pero precisamente algo similar, en cierto modo, le acontece al protagonista que aparece en este capítulo del libro: Salomón. Siendo muy joven, como lo señala él mismo en la oración que le dirige a Dios en 1 Reyes 3:7, pide sabiduría, porque no sabe qué hacer como rey de un pueblo tan grande. ¿Imaginan lo que sería asumir tamaña responsabilidad siendo solo un adolescente? De entre sus hijos, David escoge como rey de Israel a Salomón, lo que va en detrimento de Adonías, su hermanastro mayor, que aspiraba a suceder a su padre en el trono de Israel. Y a la muerte de David, Salomón asume el mando como el rey que dirigirá los destinos de Israel.

Comparada con la de Doogie Howser, la historia de Salomón muestra una «pequeña diferencia» o un «leve agravante». Una vez que se apagara la cámara y el director dijera: «¡Corten!», Doogie Hoowser dejaría de existir y Neil Patrick Harris recuperaría su vida como un adolescente normal. Pero Salomón, una vez que recibiera la corona de rey y se pusiera los pantalones largos de la autoridad real, no podría retraerse de ella; no habría marcha atrás.

¿Quién era Salomón?

Salomón fue el segundo hijo de David y Betsabé, nacido en Jerusalén, y su nombre tiene una gran significación: quiere decir «pacifico». David, su padre, como afirman las Escrituras en 1 Crónicas 22:9, advertido de que bajo su sucesor habría un reinado de paz, le puso ese nombre. El profeta Natán, por palabra profética, llamó a Salomón «Jedidías», o sea, el «amado de Jehová».

Salomón imploró por la gracia de la sabiduría y de la inteligencia a fin de poder administrar justicia, responsabilidad que sumada a la de dirigir los destinos del pueblo era única y exclusivamente del rey. A comienzos de su reinado decidió ir a presentarse delante de Dios para pedirle su favor.

> [8-9] Y ahora tengo que dirigir a tu pueblo, que es tan grande y numeroso. Dame sabiduría, para que pueda saber lo que está bien y lo que está mal. Sin tu ayuda yo no podría gobernarlo.
>
> **1 Reyes 3:8-9** [1]
> Traducción en lenguaje actual (TLA)

Petición que Dios escuchó. Le prodigó entonces una sabiduría tan grande que esta trascendió las fronteras de su corte y las páginas de la historia. Durante aquel encuentro en plena adolescencia y a inicios de su reinado, Dios le respondió.

> [10] A Dios le gustó que Salomón le pidiera esto, [11] y le dijo:
> —Como me pediste sabiduría para saber lo que es bueno, en lugar de pedirme una vida larga, riquezas, o la muerte de tus enemigos, [12] voy a darte sabiduría e inteligencia. Serás más sabio que todos los que han vivido antes o vivan después de ti. [13] Pero además te daré riquezas y mucha fama, aunque no hayas pedido eso. Mientras vivas, no habrá otro rey tan rico ni tan famoso como tú. [14] Y si me obedeces en todo como lo hizo tu padre, vivirás muchos años.
>
> **1 Reyes 3:10-14**
> Traducción en lenguaje actual (TLA)

---

[1] También este pasaje se encuentra replicado en 2 Crónicas 1:1-13.

Un nerd declarado

Salomón fue un hombre dotado intelectualmente. No hay la menor duda. Su sabiduría e ingenio se destacan en tres importantes aspectos de su historia. Quisiera compartirlos con ustedes, porque nos darán la oportunidad de adentrarnos en el intelecto del que llegó a ser el rey más brillante de Israel.

En cierta ocasión, dos prostitutas que vivían juntas vinieron por un asunto de justicia al rey. Ambas habían estado embarazadas, y con solo días de diferencia se habían producido los dos partos. Llegaron con un bebé muerto y otro vivo. El conflicto estribaba en que una de ellas involuntariamente había asfixiado a su bebé recién nacido acostándosele encima, pero hábilmente había cambiado el bebé muerto por el vivo de su amiga sin que ella se diera cuenta. Al levantarse de mañana, la madre se percató de que el bebé que estaba muerto no era el suyo, sino el de la otra mujer. Pero esta señalaba al bebé vivo como suyo. Ambas mujeres discutieron amargamente estos hechos ante el rey. Y Salomón deslumbró a la corte por su ingenio, señalando esta solución: ordenó traer una espada para partir al bebé vivo en dos a fin de darle una parte a cada madre. Y este fue el desenlace de la historia, según se desprende del relato bíblico:

> [26] Entonces la verdadera madre, llena de angustia, gritó:
> —¡Por favor, Su Majestad! ¡No maten al niño! Prefiero que se lo den a la otra mujer.
> Pero la otra mujer dijo:
> —¡Ni para ti ni para mí! ¡Que lo partan en dos!
> [27] Entonces el rey ordenó:
> —No maten al niño. Entréguenlo a la que no quiere que lo maten. Ella es su verdadera madre.
> [28] Todo el pueblo de Israel escuchó cómo el rey había solucionado este problema. Así Salomón se ganó el respeto del pueblo, porque ellos se dieron cuenta de que Dios le había dado sabiduría para ser un buen rey.

> **1 Reyes 3:26-28**
> Traducción en lenguaje actual (TLA)

La fama de la sabiduría de Salomón cruzó los mares. El texto bíblico muestra que la reina de Sabá, al enterarse de la sabiduría y fama de Salomón, vino a probarlo con preguntas difíciles. La reina de Sabá se convirtió en un personaje legendario, presentada en los libros de Reyes y Crónicas en las Escrituras, en el Corán (libro sagrado de los musulmanes) y en la historia de Etiopía. Fue la gobernante del reino de Sabá, un antiguo país que la arqueología presume localizado en los actuales territorios de Etiopía y Yemen. Según 1 Reyes 10:2-9:

> Cuando se encontró con Salomón, ella le hizo todas las preguntas que había preparado. ³ ¡Y Salomón las contestó todas! No hubo nada que el rey no pudiera explicarle.
> ⁴⁻⁵ La reina quedó maravillada al ver lo sabio que era Salomón. También tuvo tiempo para admirar la hermosura del palacio, la rica comida que servían a la mesa, los asientos que ocupaban los asistentes, el aspecto y la ropa de todos los sirvientes y, en especial, la de los que servían el vino al rey. Se asombró al ver todos los animales que el rey daba como ofrenda en el templo de Dios.
> ⁶ Entonces le dijo a Salomón:
> «Todo lo que escuché en mi país acerca de lo que has hecho y de lo sabio que eres, es cierto. ⁷ Yo no lo creía, pero ahora lo he visto con mis propios ojos, y sé que es verdad. En realidad, no me habían contado ni siquiera la mitad. ¡Eres más sabio y rico de lo que yo había escuchado! ⁸ ¡Qué felices deben ser tus esposas! ¡Y qué contentos deben estar todos tus servidores, pues siempre cuentan con tus sabios consejos! ⁹ ¡Bendito sea tu Dios, a quien le agradó tu conducta y te hizo rey de Israel para que gobiernes con justicia! No hay duda, ¡Dios ama a Israel!».

1 Reyes 10:4-9
Traducción en lenguaje actual (TLA)

Finalmente, la sabiduría de Salomón queda plasmada en las obras que lo hacen participar de los libros poéticos de la Biblia: Proverbios, Eclesiastés y el Cantar de los cantares. Si has leído alguno de ellos, muy en especial Proverbios, ya te habrás dado cuenta de que cada versículo está lleno de consejos prácticos que ayudan a vivir la vida como Dios quiere que la vivamos. Esa es la diferencia entre conocimiento, que es una acumulación de saberes, y sabiduría, que es la aplicación del conocimiento para lograr una buena vida, que empieza con el temor a Dios, según lo afirma el propio proverbista.

En Proverbios, ningún tema parece haber escapado a la atención del rey Salomón. En ellos hay consejos sobre muchos asuntos importantes para la vida de los jóvenes: cómo hacer negocios, cómo liderar, a quiénes buscar como amigos, y también sobre cuestiones como el carácter, la madurez, el alcohol y las drogas, las relaciones sexuales, y cómo buscar novia (ahora sé que algunos los leerán, ¡ah!). En muchos asuntos pertinentes a la conducta humana, Salomón tuvo algo muy sabio que decir. Y ese fue precisamente su propósito al escribir, como bien lo señala en la misma introducción a Proverbios, en el capítulo 1:

> 1 Éstos son los proverbios de Salomón, hijo de David, rey de Israel.
> 2-4 Estos proverbios tienen como propósito
> que ustedes los jóvenes
> lleguen a ser sabios,
> corrijan su conducta
> y entiendan palabras
> bien dichas y bien pensadas.
> También sirven para enseñar
> a los que no tienen experiencia,
> a fin de que sean cuidadosos,
> honrados y justos en todo;
> que muestren astucia y conocimiento,
> y piensen bien lo que hacen.
> 5 Ustedes, los sabios e inteligentes,
> escuchen lo que voy a decirles.
> Así se harán más sabios
> y ganarán experiencia.
> 6 Así podrán entender
> lo que es un proverbio
> lo que es un ejemplo,
> y lo que es una adivinanza.

⁷ Todo el que quiera ser sabio
debe empezar por obedecer a Dios.
Pero la gente ignorante
no quiere ser corregida
ni llegar a ser sabia.

Proverbios 1:1-7
Traducción en lenguaje actual (TLA)

Ahora bien, como poeta, Cantares constituye su obra máxima. El Cantar de los cantares es un poema lírico escrito para ensalzar las virtudes del amor entre un esposo y su esposa. El poema claramente presenta el matrimonio como Dios lo concibió. Un hombre y una mujer deben vivir juntos dentro del contexto del matrimonio, amándose uno al otro espiritual, emocional y físicamente.[2] Sus versos son hermosos, potentes y provocadores. Salomón escribe con libertad y hermosura acerca de lo que Dios concibió para que fuera hermoso: el amor entre un hombre y una mujer bajo la guía de Dios. Versos como estos destacan su belleza:

⁶ ¡Graba mi nombre en tu corazón!
¡Graba mi imagen en tu brazo!
¡Tan fuerte es el amor
como la muerte!
¡Tan cierta es la pasión
como la tumba!
¡El fuego del amor es una llama
que Dios mismo ha encendido!
⁷ ¡No hay mares que puedan apagarlo,
ni ríos que puedan extinguirlo!
Si alguien se atreviera
a ofrecer todas sus riquezas
a cambio del amor,
no recibiría más que desprecio

Cantares 8:6-7
Traducción en lenguaje actual (TLA)

---

[2] http://www.gotquestions.org/Espanol/Libro-de-Cantar-Cantares.html. Acceso obtenido 26 de noviembre de 2012.

¿Te imaginas a Salomón como adolescente?

He descrito la historia del gran rey Salomón casi como la de un joven prodigio que emerge para encontrarse con el trono, dotado de una inmensa sabiduría, alguien exitoso que construye nada más y nada menos que el gran templo de Israel y deja como legado tres obras recogidas en la Biblia como libros inspirados por el mismo Espíritu Santo. No sé, pero luego de eso, solo faltaría decir que también fue parte de los Superamigos, de la Liga de la Justicia o de los X-Men. No sé, que tal vez fuera un mutante con superpoderes adelantado a su época.

Creo que como adolescente, más que un mutante superpoderoso, Salomón fue un nerd. Y me parece que pudo brillar, a su llegada al trono, precisamente por sus habilidades intelectuales. Ahora bien, los invito a usar su imaginación junto conmigo para que tratemos de ver no al rey Salomón, sino al adolescente Salomón.

Salomón es ese muchacho superinteligente que todos tenemos en nuestro ministerio. Que usa un vocabulario florido que a veces no todos entienden; que utiliza palabras de domingo para expresarse comúnmente. Es el chico al que no invitan a la cancha de baloncesto o al campo de fútbol porque no tiene ni idea de qué hacer allí. No muestra demasiadas habilidades deportivas. Es tímido, ensimismado, y siempre anda con una libreta, apuntando sus pensamientos. No tiene gran destreza social. ¡Y le falta onda! ¡No sabe ni cómo hablar con el otro sexo para despertar su interés! Alguien al que se le ocurriría entablar conversaciones sobre temas tan interesantes como física cuántica, química orgánica, la guerra de las galaxias, el Señor de los anillos, y cosas semejantes.

Es más, ¿se lo imaginan en la biblioteca del palacio, escrutando los rollos de la ley y los cuentos de otras comarcas que llegaban desde los pueblos vecinos, antes que disfrutar de las fiestas judías y de los convites de David? No tiene demasiada experiencia de la vida porque le faltan amigos con los que compartir. E imagino que, para colmo, si hubiesen existido, andaría con anteojos. Y su vestimenta sería fina, real, pero claro, descombinada. O elegiría túnicas de colores un tanto raros.

Este cuadro, ¿describe la imagen de alguien en tu ministerio juvenil? Si te ha causado risa es porque te muestra el vívido retrato de alguien que participa de tu ministerio. O quizás haya sido esa tu propia experiencia... Tú tienes un Salomón (o tal vez una Salomona) en tu grupo. (Te habla la voz de la experiencia.)

Ahora, la pregunta más relevante es esta: Ese Salomón o Salomona, ¿tiene espacio para brillar y para integrarse dentro de tu ministerio juvenil? Con demasiada frecuencia nuestros ministerios juveniles pueden convertirse en un lugar que reproduce los mismos estereotipos discriminatorios de la prepa (escuela superior, bachillerato) que a veces tantas heridas causan a la autoestima de nuestros adolescentes.

En nuestra experiencia pastoral con la juventud, muchos de los jóvenes que tienen un perfil parecido al del adolescente Salomón oscilan entre estos dos puntos del péndulo: la introversión, timidez, falta de destrezas de interacción social y una comprensión del mundo distinta de la de sus pares a causa de su sensibilidad estética, y la extroversión mostrada en su *look*, vestimenta, moda, expresiones artísticas, y cosas semejantes. Este segundo caso se hace evidente cuando en el entorno familiar se brinda apoyo a su vertiente artística o humanista, debido a la formación o preparación de los padres. No las impongo como normativas rígidas, pero es lo que me ha hecho ver la experiencia.

Un ministerio en el que Salomón pueda brillar

Recuerdo dos de los jóvenes que tuve el gozo de pastorear, dos jóvenes superbrillantes. Uno se llamaba Christian, y era experto en computadoras. La otra, Marla, una estudiante graduada de traducción y lenguas modernas. Ambos procedentes de los recintos de la mejor universidad estatal de mi país. Uno poeta y la otra amante de la literatura. Por razones obvias, luego de participar durante algún tiempo en el ministerio, se hicieron novios.

Esos chicos nos ayudaron a desarrollar un proyecto muy interesante: una revista para nuestro ministerio juvenil. Una revista de calidad, bien pensada y diseñada, impresa en colores y con un proyecto de auspicio para sostenerla. Este núcleo sirvió para desarrollar los talentos de otros que también deseaban escribir y que tenían una vena periodística. Hasta donde yo los acompañé como pastor de jóvenes, se publicaron tres ediciones.

Descubrimos el talento de Christian porque dedicábamos parte de las noches de talento que llevábamos a cabo en el ministerio a brindar la oportunidad de que los chicos pudieran participar dentro de una gama variada de manifestaciones artísticas: poesía, monólogos, ballet, personajes de comedia, diseños y artes plásticas.

Recuerdo que para la remodelación del salón de la iglesia en el que organizábamos las reuniones juveniles se desarrolló un proyecto en el que los mismos jóvenes tomaron la iniciativa de asumir su realización. El diseño y la propuesta de trabajo surgió de una de nuestras chicas, estudiante de arquitectura, que cursaba los primeros años. Fue un tiempo divertidísimo. ¿Se imaginan lo que es tener durante las semanas del período navideño un gran número de Salomones y Salomonas remodelando un salón?

Durante ese proceso descubrimos a una joven que sabía coser y nos ayudó a forrar algunos adornos y a coser unas cortinas que necesitábamos. Claro, «hubo de todo, como en botica»: discusiones, canas verdes, malos entendidos, errores en el proceso. Pero todo eso nos proveyó la oportunidad de que otros pudieran brillar.

Recuerdo el caso de Luis, un mecánico automotriz, introvertido, amante de los videojuegos, que resultó ser una mente extraordinaria para las computadoras y nos ayudó a desarrollar vídeos y a editar minipelículas. Algo totalmente distinto de su ocupación diaria, pero que brotaba de su gran capacidad intelectual y amor por las artes. Te cuento todas estas anécdotas de mi pastoral juvenil para que te sirvan de estímulo y puedas construir un ministerio a prueba de nerds, en el que también los Salomones y Salomonas puedan brillar.

Muchos de tus chicos poetas, compositores y con sensibilidad para la literatura tienen libretas llenas de sus poesías, canciones y escritos que, en muchísimas ocasiones, no se atreven a mostrarle a nadie, porque les da mucha vergüenza; porque piensan que no son buenas; y porque han recibido muchísimas burlas y falta de aceptación como parte de su proceso de crecimiento. Tú puedes facilitar oportunidades para que con frecuencia los chicos desarrollen proyectos artísticos y también puedes crear un clima de apoyo en sus pares. Los adolescentes a veces suelen ser muy crueles entre ellos. Pero también pueden resultar de gran estímulo y valor al apoyar a sus amigos si se los alienta a ello.

Desde la escuela superior (prepa) tengo el privilegio de conocer a Daniel Calveti. Cuando yo tenía 16 años, estudiaba en el Colegio Bautista de Carolina y dirigía el Movimiento Estudiantil Cristiano de nuestra escuela. Daniel estudiaba en el Colegio Bautista de Caguas y hacía lo propio allá. En un retiro de ambas organizaciones, nos conocimos. En aquel momento, con un conocimiento más bien rudimentario de la guitarra, pero con la gracia que lo caracterizaba, Daniel participó en la dirección de las alabanzas.

Durante la universidad, Dios fortaleció nuestra amistad a través de ministros y amigos en común y de múltiples oportunidades para ministrar juntos. Así que mucho antes del reconocimiento y el éxito con el que Dios ha premiado la excelencia de este ministro, recuerdo que Daniel me manifestó en una conversación que al inicio de su ministerio, cuando comenzaba a recopilar sus canciones, se las mostraba a algunos de sus amigos y hermanos, pero no les decía que eran composiciones suyas. Cuando algunos músicos de su iglesia y otras personas comenzaron a notar la frescura de sus canciones y lo peculiar de sus composiciones, y él empezó a recibir comentarios sobre lo buenas o lo lindas que eran, recién entonces se atrevió a decir que eran suyas. Muchos hemos hecho lo mismo, ¿verdad?

Daniel tiene la gracia de decirle cosas tan sencillas y dulces a Dios como: «Quisiera aprovechar todo ese tiempito, porque estoy acostumbrado a que mañana amaneceré»... «Solo vine a decir cosas lindas de ti, eres santo, bueno»... «Yo soy tu niña, la niña de tus ojos»... ¿Se imaginan si no hubiese habido nadie que valorara la inspiración de este poeta, de este gran hombre de Dios, de este Salomón?

No sé, pero pienso que esta historia debe haberse repetido en nuestros más grande hombres y mujeres de Dios de todo el continente, en aquellos a los que hoy admiramos y respetamos por la unción y el ministerio que poseen. Así que en tu ministerio posiblemente haya un Salomón que necesite de tu estímulo para poder brillar.

Capítulo 4
Ester: De Betty la fea a reina

[8] Sucedió, pues, que cuando se divulgó el mandamiento y decreto del rey, y habían reunido a muchas doncellas en Susa residencia real, a cargo de Hegai, Ester también fue llevada a la casa del rey, al cuidado de Hegai guarda de las mujeres.

Ester 2:8
Reina Valera 1960 (RVR1960)

No hay duda alguna de que el mejor calificativo para describir a Beatriz Aurora Pinzón Solano es el de nerd. Tal vez su nombre de pila no te diga mucho, pero su apodo te hará saber con seguridad de quién hablo: «Betty la fea». ¿Tengo o no tengo razón?

Yo soy Betty, la fea fue una exitosa telenovela colombiana, escrita por Fernando Gaitán y producida por RCN Televisión. Se estrenó el 25 de octubre de 1999 y finalizó el 8 de mayo de 2001, en Colombia.[1] Era protagonizada por Ana María Orozco y Jorge Enrique Abello. Su versión original se emitió en muchos países con gran éxito, incluyendo toda Latinoamérica, y se convirtió en un fenómeno por los elevados niveles de audiencia. En el 2010 entró al libro de los *Guinness World Records* como la telenovela más exitosa de la historia, por haber sido emitida en más de 100 países, doblada a 15 idiomas y contado con al menos unas 22 adaptaciones alrededor del mundo.[2]

La historia de Betty cambió la forma de hacer novelas. Porque inclusive nos cautivó a aquellos que no estábamos acostumbrados a verlas a causa de su pintoresca manera de desenvolver

---

[1]   http://www.imdb.com/title/tt0233127/releaseinfo.

[2]   http://www.colombia.com/entretenimiento/autonoticias/television/2010/02/11/DetalleNoticia8870.asp.

la trama. Pasó a ser más que una novela; era una «sitcome» (comedia de situación). Hasta aquí nunca habíamos visto que una novela utilizara la comedia para contar la historia.

El punto central de la trama era esta nerd economista, que trabajaba para una compañía de modas de Colombia (Ecomoda) como asistente de su presidente, Armando Mendoza (Jorge Enrique Abello). Por su manera de vestir fuera de moda, su inadaptación social, su torpeza innata y su «fealdad» era víctima del menosprecio de todo su entorno. Por esas vueltas que da la vida, y los malos y turbios manejos de la empresa, Armando, en un intento de no perder la compañía, comienza a seducir a Betty por su capacidad como economista y su integridad como persona. Entonces «*el monstruete*» cree ser la amante secreta de aquel con quien ha mantenido un idilio a escondidas, «don Armando Mendoza».

Tras una transacción en la que Betty queda como dueña de la empresa, en una medida burocrática para salvarla de la quiebra, pronto sale a la luz que el romance con Armando era solo para proteger el emporio. Para vergüenza de Betty, al salir a la luz toda la patraña, es expulsada, despedida de la empresa. Pero el corazón de Armando queda prendado de la bondad y genuinidad de ella en el proceso. La fea en realidad había conquistado su corazón. Betty desaparece de la vida de la empresa y en especial de la vida de Armando Mendoza.

Esa retirada crea la incógnita para la transformación de la «fea» en una mujer extraordinariamente bella. El momento más esperado de la novela, tras la retirada de Betty de Ecomoda y de mantener un paradero desconocido, es su transformación personal. Cuando llega nuevamente a asumir la presidencia de la empresa, ya no es «Betty la fea», sino la licenciada Beatriz Aurora Pinzón Solano, que deja a todos impresionados, boquiabiertos, estupefactos, sin palabras, al ver su impresionante transformación. Ahora, sin sus enormes gafas, sin su ropa descombinada y «a la antigüita», sin ganchos en sus dientes, con el cabello arreglado, ropa de diseñador y una actitud segura, logra sacar la empresa adelante.

Demás está decir cuál es la reacción de todos, y en especial la de Armando Mendoza, que ahora descubre que el amor de su vida ya no es aquella «fea nerd» que no se atrevía a mostrar, sino una mujer fantásticamente bella y capaz. Como sabemos, las novelas siempre tienen un final feliz. Reconciliaciones, transformaciones de vida, recompensas para los buenos y castigo para los malos. Y *«colorín colorado, este cuento se ha acabado»*.

¿Una Betty la fea en la Biblia?

Creo que la historia de la reina Ester tiene algunos puntos de tangencia con esta historia. ¡Sí, aunque no lo crea! Conozcamos primero a Ester y luego les cuento.

Cuando examinamos el relato de Ester, nos encontramos ante un libro extraordinario de la Biblia. Es una novela de acción, drama, suspenso e intriga. Aprovecho este renglón para el siguiente paréntesis. Como líderes juveniles, debemos rescatar ese contacto de nuestros jóvenes con las historias bíblicas y matizarlas con su realidad. Hay cantidad de materiales que nos permiten contar las historias bíblicas de manera fresca y pertinente a la realidad de nuestros adolescentes. Redescubrir la Biblia de esta manera puede resultar un proyecto interesante y divertidísimo para tus jóvenes, y muy en especial para tus nerds.

¿Quién es Ester?

Ester era una joven judía, del linaje de °Benjamín, que llegó a ser reina del Imperio Persa. Por su gestión liberadora fue la heroína de su pueblo en una hora de crisis nacional. Era huérfana de padre y madre, pero su tío Mardoqueo[3], un varón inteligente, caritativo, precavido, fiel al rey y firme en sus convicciones religiosas, la adoptó como hija. Su nombre hebreo era *Jadasá*, como nos relata el libro:

---

[3] Existen referencias y traducciones bíblicas acerca del parentesco de Ester como prima de Mardoqueo y otras como sobrina. Me inclino a creer que Mardoqueo era su tío.

> ⁵ En la ciudadela de Susa vivía un judío de la tribu de Benjamín, llamado Mardoqueo hijo de Yaír, hijo de Simí, hijo de Quis, ⁶ uno de los capturados en Jerusalén y llevados al exilio cuando Nabucodonosor, rey de Babilonia, se llevó cautivo a Jeconías, rey de Judá. ⁷ Mardoqueo tenía una prima llamada Jadasá. Esta joven, conocida también como Ester, a quien había criado porque era huérfana de padre y madre, tenía una figura atractiva y era muy hermosa. Al morir sus padres, Mardoqueo la adoptó como su hija.

Ester 2:5-7
Nueva Versión Internacional (NVI)

El versículo 5 del capítulo 2 de Ester nos lleva a ver que su historia guarda un gran parecido con otro libro de las Escrituras que narra la crónica del cautiverio de unos jóvenes hebreos valientes que también llegaron a mezclarse con la nobleza babilónica. Me refiero a Daniel y sus amigos, algunos de los otros nerds que aparecen en la historia bíblica.

La destitución de la reina Vasti por parte de Asuero fue la carta que Dios usó, o el proceso que él eligió, para llevar a Ester al palacio. Y es allí donde se conecta su historia con la de Betty la fea:

> ² Entonces los ayudantes personales del rey hicieron esta propuesta: «Que se busquen jóvenes vírgenes y hermosas para el rey. ³ Que nombre el rey para cada provincia de su reino delegados que reúnan a todas esas jóvenes hermosas en el harén de la ciudadela de Susa. Que sean puestas bajo el cuidado de Jegay, el eunuco encargado de las mujeres del rey, y que se les dé un tratamiento de belleza. ⁴ Y que reine en lugar de Vasti la joven que más le guste al rey.» Esta propuesta le agradó al rey, y ordenó que así se hiciera.

Ester 2:2-4
Nueva Versión Internacional (NVI)

La mariposa sale de su crisálida

El rey Asuero, ni lento ni perezoso, tomó con muchísimo gusto el consejo de sus asesores y puso en acción un concurso de belleza para escoger a su nueva esposa. Fue algo así como la primera edición de Miss Universo. Algo semejante a Nuestra Belleza Latina. Podríamos denominarlo «Nuestra Belleza Persa». Ese proceso sirvió para refinar a la joven Ester.

Tomémonos un momento para visualizar a la adolescente Ester. Me imagino a una joven vivaracha, muy inteligente, hermosa, pero rústica, silvestre. Un diamante en bruto. De muy buena figura, pero sin la cultura protocolar de una dignataria persa. Es más, sin los modales de una señorita judía bien educada. La historia de Ester no menciona nada en absoluto sobre la esposa de Mardoqueo. Así que podemos inferir que tal vez creció sin la influencia de una figura femenina en la casa. ¿Se imagina el cuadro de esa adolescente? Había en ella una belleza intrigante, pero todavía sin madurar. Tal vez eso fue lo que atrajo la atención de Hegai (o Jegay en algunas versiones bíblicas), además del favor y la gracia de Dios.

La historia nos revela que Ester tuvo que atravesar por un proceso de «refinamiento y etiqueta» intensivo de poco más de un año para su cita con Asuero. Le hicieron un «makeover» en el SPA real a fin de presentarse ante el rey. Así lo describen las Escrituras:

> [9] La joven agradó a Jegay y se ganó su simpatía. Por eso él se apresuró a darle el tratamiento de belleza y los alimentos especiales. Le asignó las siete doncellas más distinguidas del palacio y la trasladó con sus doncellas al mejor lugar del harén [...]
> [12] Ahora bien, para poder presentarse ante el rey, una joven tenía que completar los doce meses de tratamiento de belleza prescritos: seis meses con aceite de mirra, y seis con perfumes y cosméticos. [13] Terminado el tratamiento, la joven se presentaba ante el rey y podía llevarse del harén al palacio todo lo que quisiera.

Ester 2:9,12-13
Nueva Versión Internacional (NVI)

Es aquí donde las historias de Ester y Betty la fea se conectan. Ambas tuvieron que ser refinadas y pasar por un proceso que sacara a relucir todo el potencial que había depositado en ellas. En el caso de Betty, Catalina fue la «Hegai» de la historia, la que le ayudó a sacar a relucir la belleza que estaba en ella bajo ese caparazón nerd de *supuesta* fealdad. Al salir de Ecomoda, Betty comenzó a trabajar como asistente de un gran productor del ámbito de la moda que estaba a cargo del concurso de Miss Colombia y fue allí que conoció a Catalina, personaje que se convertiría en su mentora durante el proceso de transformación. En su roce con Catalina y aquellas jóvenes hermosas, candidatas a Miss Colombia, Betty descubrió su lado de feminidad y comenzó el proceso de transformación que la llevaría de ser una oruga a convertirse en mariposa y salir de su crisálida.

Ester y Betty la fea están en tu ministerio

Como líderes de un ministerio juvenil, tenemos que ser conscientes de la etapa tan significativa por la que atraviesan los jóvenes y adolescentes a los que servimos. Como bien señala el Dr. Lucas Leys en su libro *El ministerio juvenil efectivo*, todo ministerio juvenil eficaz debe ayudar a sus jóvenes y adolescentes a satisfacer cinco necesidades existenciales:

1. Adquirir un sentido de identidad.

2. Ganar independencia.

3. Desarrollar relaciones significativas.

4. Cultivar valores sanos.

5. Descubrir o reforzar su vocación.

Al tope de estas necesidades se encuentra la de lograr un claro sentido de identidad. Nuestros adolescentes están en el proceso de intentar descubrir quiénes son y definirse. Ese proceso a algunos les resulta muy doloroso. En especial a las chicas, a las que se les impone una carga social injusta en lo que tiene que ver con su apariencia, estética física y arreglo personal.

Mediante el aparato social de los medios publicitarios se resalta la importancia de la belleza, el glamour, la adulación, la perfección, el *look*, el último grito de la moda y cosas semejantes. El mensaje que se graba en la mente de muchas de ellas es que «*si no te pareces a este estereotipo de mujer, no eres bella y no serás aceptada*». Nuestras chicas enfrentan una batalla continua con la superficialidad de los cánones de belleza y de la aceptación social.

Pregunto: ¿Qué sucede en tu ministerio con las jóvenes no tan agraciadas físicamente, que muestran sobrepeso o un peso bajo, que tienen acné, padecimientos congénitos y otras cosas? ¿Es tu ministerio un lugar en el que ellas se sienten aceptadas y pueden descubrir su verdadera identidad en Cristo?

Debemos tener cuidado de que nuestros ministerios de danza, teatro, música o cualquier arte litúrgico de expresión corporal (generalmente poblados de muchachas) no se conviertan en grupos de elite excluyentes, que reproduzcan los mismos estereotipos de los clubes de porristas, de ballet o de modelaje de carácter secular. Con mucha tristeza he podido notar que se han utilizado argumentos enfocados en la técnica y en la excelencia para excluir de los ministerios eclesiásticos a las jóvenes no tan agraciadas físicamente, con sobrepeso o con destrezas motoras no muy desarrolladas. Y también he visto el modo en que se les facilita el proceso a aquellas que sí cuentan con rasgos corporales agraciados y tienen popularidad, aunque carezcan de las destrezas técnicas que a las otras se les reprocha no tener.

Necesitamos líderes juveniles que, además, ayuden a desarrollar el potencial, la belleza y la autoestima de nuestras chicas quebrantadas por la crítica y el dolor de la exclusión. Necesitamos líderes juveniles que puedan ayudar a salir de sus crisálidas a las «Ester» que aún no han llegado a palacio y a las «Betty» todavía no transformadas, para que alcancen su máximo potencial. Líderes que puedan ver más allá de la inadaptación social, de la rareza, de la timidez de esa chica nerd, todos los tesoros y las habilidades por explotar que quizás ella misma todavía no ha descubierto.

Por eso necesitamos fortalecer en nuestras *Esteres* y en nuestras Bettys el área de su autoestima. En mi libro *Transformación sin límites* señalo que cuando hablamos de autoestima, «nos referimos a nuestra respuesta emocional y a todo lo que gira alrededor de nuestra identidad, o sea, al grado de valoración personal que manifestamos».[4] La identidad, en palabras sencillas, es la definición que tenemos de nosotros mismos. Esa definición establece parámetros emocionales y mentales sobre lo que queremos y esperamos de la vida. También influye sobre las relaciones, estudio, trabajo, pareja, comportamiento, y toda otra dimensión importante de la vida.

Lamentablemente, los seres humanos nos aferramos más a los mensajes negativos que recibimos durante el proceso de nuestra crianza que a los positivos. El Dr. Dale Keaton señala al respecto: «Por cada mensaje negativo que recibimos acerca de nosotros, necesitamos de diecinueve a veinte afirmaciones positivas para reparar el daño».[5] Así que nuestros nerds necesitan mucho respaldo en torno a lo que Dios puede y quiere hacer a través de ellos. El profeta Jeremías lo dijo así: «Yo sé los planes que tengo para ustedes, planes para su bienestar y no para su mal, a fin de darles un futuro lleno de esperanza. Yo, el Señor, lo afirmo».[6]

Ayuda a las Esteres y a las Bettys de tu ministerio para que no les cambien el nombre

Finalmente, llega la noche de la coronación. Imaginémoslo. Como en todo concurso de belleza, ya se ha desfilado con las mejores galas y se han realizado las entrevistas. Y allí están las dos finalistas tomadas de la mano, nerviosas, esperando la respuesta del jurado. Se oye la voz del anunciador que dice: *«Y la ganadora es Ester».* Entonces se escucha la música de la banda real, le ponen una cinta distintiva con la leyenda «Nuestra Belleza Persa», y Ester comienza su caminata saludando a la audiencia, envuelta en llanto, con un gran ramo de rosas en los brazos y una corona sobre su cabeza, traída por el propio rey de Persia para coronarla.

---

[4] Edwin Rivera Manso y Héctor Millán, *Transformación sin límites*, Casa Creación, 2011, p. 9.

[5] Ibíd, p. 9.

[6] Jeremías 29:11, Dios Habla Hoy (DHH).

Bueno, creo que he dejado correr mi imaginación un *poco más allá* de lo que el texto nos señala, pero los nerds tenemos mucha imaginación. Lo cierto es que Ester fue coronada reina de Persia y deslumbró de una manera extraordinaria al rey Asuero, según nos lo relata la historia:

> [17] Y Asuero se enamoró de Ester como nunca se había enamorado de ninguna otra mujer, y de tal manera se ganó ella el cariño de Asuero, que éste la favoreció más que a todas las otras jóvenes que habían estado con él, y le puso la corona real en la cabeza y la nombró reina en lugar de Vasti.
>
> **Ester 2:17**
> Dios Habla Hoy (DHH)

He contado el proceso de embellecimiento de la reina Ester con un tono imaginativo y jocoso; y hasta lo he vinculado con el proceso experimentado por el personaje interpretado por Ana María Orozco, Beatriz Pinzón Solano, alias Betty la fea. Pero lo cierto es que al llegar a Persia, lo primero que comienza a suceder con Ester es un proceso de adoctrinamiento para cambiar sus valores y su identidad. Y es la misma estrategia que se utiliza contra Daniel y sus amigos en el cautiverio babilónico.

El texto bíblico lo narra así:

> [7] Mardoqueo tenía una prima llamada Jadasá. Esta joven, conocida también como Ester, a quien había criado porque era huérfana de padre y madre, tenía una figura atractiva y era muy hermosa. Al morir sus padres, Mardoqueo la adoptó como su hija.
>
> **Ester 2:7**
> Nueva Versión Internacional (NVI)

Hadasa o Jadasá es el nombre hebreo de Ester, la mujer que llegó a las páginas de la historia con el nombre que se le asignó en Persia. La traducción literal de su nombre hebreo es «mirto». Un mirto es un arbusto oloroso de flores blancas. Según señalan algunos comentaristas, el nombre Ester quizás se derive de

Ishtar, diosa babilónica del amor (equivalente a Afrodita, en el panteón de la mitología griega), aunque algunos lo relacionan con la palabra persa *stara* (estrella). Evidentemente, Ester recibió ese nombre al entrar en la corte de Asuero.

Ahora bien, ¿por qué importa este detalle? Por lo menos hay tres implicaciones de mucho significado al respecto.

Primero, porque los hebreos no les daban a sus hijos nombres casuales o fortuitos, sino que eran pronunciamientos de destino e identidad sobre la criatura nombrada así. La Biblia está llena de casos destacados. Por eso mencionaré solo algunos de los más elocuentes. Por ejemplo, el gran patriarca José llama a sus dos hijos varones de la siguiente manera:

> [51] Y llamó José el nombre del primogénito, Manasés; porque dijo: Dios me hizo olvidar todo mi trabajo, y toda la casa de mi padre.
> [52] Y llamó el nombre del segundo, Efraín; porque dijo: Dios me hizo fructificar en la tierra de mi aflicción.
>
> **Génesis 41:51-52**
> Reina Valera 1960 (RVR1960)

Ana, la madre del profeta Samuel, luego de su esterilidad, al recibir a su hijo le eligió un nombre.

> [20] Aconteció que al cumplirse el tiempo, después de haber concebido Ana, dio a luz un hijo, y le puso por nombre Samuel, diciendo: Por cuanto lo pedí a Jehová.
>
> **1 Samuel 1:20**
> Reina Valera 1960 (RVR1960)

David, el gran rey de Israel, le dio a su hijo el nombre de Salomón, que significa «pacífico», por una palabra de Dios:

> [8] Mas vino a mí palabra de Jehová, diciendo: Tú has derramado mucha sangre, y has hecho grandes guerras; no edificarás casa a mi nombre, porque has derramado mucha sangre en la tierra delante de mí.

⁹ He aquí te nacerá un hijo, el cual será varón de paz, porque yo le daré paz de todos sus enemigos en derredor; por tanto, su nombre será Salomón, y yo daré paz y reposo sobre Israel en sus días.

1 Crónicas 22:8-9
Reina Valera 1960 (RVR1960)

José y María, los padres de Jesús, lo llamaron de esa manera por orden de Dios, porque este Hijo sería el Salvador del mundo:

²¹ Y dará a luz un hijo, y llamarás su nombre JESÚS, porque él salvará a su pueblo de sus pecados.

Mateo 1:21
Reina Valera (RVR1960)

Segundo, porque un cambio de nombre dentro del contexto bíblico implicaba un propósito mayor. Allí donde este acto se registraba era porque se le había encomendado a esa persona una comisión especial que sobrepasaba su propia identidad. El ejemplo más contundente es el Abraham y Sara, tal como se desprende del texto bíblico. De «Padre enaltecido» (Abram), Dios le cambió el nombre por el de «Padre de multitudes» (Abraham). Y a su esposa Sarai, de mujer estéril a Sara, literalmente «Princesa».

⁵ Y no se llamará más tu nombre Abram, sino que será tu nombre Abraham, porque te he puesto por padre de muchedumbre de gentes.

⁶ Y te multiplicaré en gran manera, y haré naciones de ti, y reyes saldrán de ti.

⁷ Y estableceré mi pacto entre mí y ti, y tu descendencia después de ti en sus generaciones, por pacto perpetuo, para ser tu Dios, y el de tu descendencia después de ti.

⁸ Y te daré a ti, y a tu descendencia después de ti, la tierra en que moras, toda la tierra de Canaán en heredad perpetua; y seré el Dios de ellos [...]

¹⁵ Dijo también Dios a Abraham: A Sarai tu mujer no la llamarás Sarai, mas Sara será su nombre.

¹⁶ Y la bendeciré, y también te daré de ella hijo; sí, la

bendeciré, y vendrá a ser madre de naciones; reyes de pueblos vendrán de ella.

Génesis 17:5-8,15-16
Reina Valera (RVR1960)

Un detalle que tal vez muchos desconocemos es que el gran Moisés, antes de tomar a Josué como su siervo, le cambió el nombre:

> [16] Estos son los nombres de los varones que Moisés envió a reconocer la tierra; y a Oseas hijo de Nun le puso Moisés el nombre de Josué.

> **Números 13:16**
> Reina Valera (RV1960)

Oseas significa literalmente «salvación», pero Josué significa «Jehová es la salvación». ¿Significativo no les parece? También existen otros ejemplos de cambios, como en el caso de Simón a Pedro. Y en el de Saulo de Tarso a Pablo, el apóstol enviado a los gentiles. En todos ellos ese cambio de nombre significó una promoción a un ministerio mayor.

Tercero, en el Antiguo Oriente solo podía ponerle nombre a algo el que tenía capacidad de dominio sobre lo nombrado. Era un asunto de jerarquía y de poder. Por eso Adán nombró a las criaturas de la tierra, ya que se le había dado dominio para que señoreara sobre toda bestia del campo, los cielos y el mar:

> [28] Y los bendijo Dios, y les dijo: Fructificad y multiplicaos; llenad la tierra, y sojuzgadla, y señoread en los peces del mar, en las aves de los cielos, y en todas las bestias que se mueven sobre la tierra [...]
> [19] Jehová Dios formó, pues, de la tierra toda bestia del campo, y toda ave de los cielos, y las trajo a Adán para que viese cómo las había de llamar; y todo lo que Adán llamó a los animales vivientes, ese es su nombre.

> **Génesis 1:28; 2:19**
> Reina Valera 1960 (RVR1960)

La hija de Faraón, al adoptar a Moisés, fue quien determinó su nombre:

> ¹⁰ Y cuando el niño creció, ella lo trajo a la hija de Faraón, la cual lo prohijó, y le puso por nombre Moisés, diciendo: Porque de las aguas lo saqué.

Éxodo 2:10
Reina Valera 1960 (RVR1960)

Cuando José es nombrado gobernador en Egipto, aunque se le da una posición distinguida y un tributo de honra, el Faraón le cambia el nombre para imponer en el de «su propia dignidad»:

> ⁴¹ Dijo además Faraón a José: He aquí yo te he puesto sobre toda la tierra de Egipto.
> ⁴² Entonces Faraón quitó su anillo de su mano, y lo puso en la mano de José, y lo hizo vestir de ropas de lino finísimo, y puso un collar de oro en su cuello;
> ⁴³ y lo hizo subir en su segundo carro, y pregonaron delante de él: ¡Doblad la rodilla!; y lo puso sobre toda la tierra de Egipto.
> ⁴⁴ Y dijo Faraón a José: Yo soy Faraón; y sin ti ninguno alzará su mano ni su pie en toda la tierra de Egipto.
> ⁴⁵ Y llamó Faraón el nombre de José, Zafnat-panea; y le dio por mujer a Asenat, hija de Potifera sacerdote de On. Y salió José por toda la tierra de Egipto.

Génesis 41:41-45
Reina Valera 1960 (RVR1960)

Así pasó con Daniel y sus amigos, que al ser llevados de Israel a Babilonia como esclavos, el cambio de nombre tenía el propósito, como en el caso de Ester, de asimilarlos a la cultura babilónica dominante:

> ⁶ Entre éstos estaban Daniel, Ananías, Misael y Azarías, de los hijos de Judá.
> ⁷ A éstos el jefe de los eunucos les puso nombres: a Daniel, Beltsasar; a Ananías, Sadrac; a Misael, Mesac; y a Azarías, Abed-nego.

Daniel 1:6-7
Reina Valera 1960 (RVR1960)

Ahora, con estos detalles en mente, podemos entender que el cambio de *Hadasa o Jadasá* a Ester perseguía cambiar su vida e identidad por completo. De un *«arbusto hermoso de flores blancas y olorosas»* se intentaba convertirla en una *«diosa de sensualidad y erotismo»*.

Hoy, Persia y Babilonia siguen existiendo, no ya como ciudades o latitudes del globo terráqueo, sino como sistemas culturales que operan en el mundo. Persia y Babilonia se muestran en la ideología dominante, en las tendencias de la moda, en la industria del entretenimiento, en los paradigmas de la cultura que intentan dirigir, moldear y controlar lo que hacen, piensan y consumen nuestros adolescentes. Y, por sobre todo, Persia y Babilonia intentan hacer que nuestras chicas asuman la identidad de divas sensuales que valen por lo que tienen y por cómo se ven. Que deseen ser la fantasía de sexual de los hombres que pasan a su lado. Y que para ser amadas y dignas de amor, consideran que lo más importante es lograr ese *«look»*, ese *«outfit»*, esa *«pose»* que les ponen por delante.

Hay que ayudar a nuestras Esteres y a nuestras Bettys a desarrollar una teología sobre la santidad del cuerpo y romper con los patrones mundanos, opresivos y machistas que han impuesto sobre ellas. Persia y Babilonia no están interesadas en las *Hadasa o Jadasá,* que exhiben la belleza que Dios les ha dado. Ni en que ellas exhalen la fragancia de la santidad y el aroma que viene del propósito por el cual Dios las nombró y las llamó a ser hijas suyas, sino en que se conviertan en *«diosas sensuales»*.

Es vergonzoso ver cómo nuestras jóvenes y adolescentes son explotadas en los programas de televisión y en los medios publicitarios, en los que se utiliza su cuerpo como gancho de venta y como instrumento de mercadeo. En ellos se abusa, en honor a un producto y a las exigencias de la moda, de su dignidad como mujeres, siendo que ellas han sido hechas a imagen y semejanza de Dios.

Persia y Babilonia les enseñan a nuestras chicas a *«vestir para matar»*, para provocar reacciones eróticas en el varón, como una muestra de femineidad. Inadvertidamente, este mismo mensaje se deja caer sutilmente cuando en nuestro medio y ministerios elogiamos y exponemos a las chicas más privilegiadas físicamente. E inclusive, a veces permitimos que esto se convierta en un criterio para la evaluación y participación en espacios ministeriales, como ya antes mencioné.

Trabajemos con nuestras Esteres y nuestras Bettys, para que sepan que si alguien las busca por sus atributos físicos meramente, no las merece. Que el amor no se mendiga. Que no deben andar obsesionadas por su peso, que son más de lo que muestra la báscula. Que ninguna talla puede otorgar valor. Que el amor de un hombre digno no se compra en una tienda, que no lo determina una marca. Que los hombres que las valoren no las someterán a una comparación, a la burla, a la infidelidad. Que no deben dejarse llevar por el temor a ser cambiadas por una más agraciada que ellas. Que son hermosas y valiosas porque tienen un valor intrínseco con el que han sido dotadas por Dios desde la creación. Y que no necesitan de alguien capaz de mancillar su dignidad maltratándolas física o emocionalmente como condición para ser felices. Que para Dios son un tesoro especial. Ya el proverbista lo destacó muy bien al señalar *que su estima sobrepasa largamente a la de las piedras preciosas*.

Convirtámonos en sus Mardoqueos

En toda la trama de la novela de Ester hay una figura que lleva la voz cantante. Su tío Mardoqueo siempre estuvo ahí para guiarla y acompañarla en cuanto a la toma de decisiones y al enfrentar sus más duras crisis. ¿No es esa la tarea y el rol de un líder juvenil en la vida de sus adolescentes y jóvenes? La Biblia narra con elocuencia lo persistente que fue Mardoqueo en velar sobre su sobrina aun en circunstancias muy adversas:

> [8] Sucedió, pues, que cuando se divulgó el mandamiento y decreto del rey, y habían reunido a muchas doncellas en Susa residencia real, a cargo de Hegai, Ester también fue llevada a la casa del rey, al cuidado de Hegai guarda de las mujeres.

⁹ Y la doncella agradó a sus ojos, y halló gracia delante de él, por lo que hizo darle prontamente atavíos y alimentos, y le dio también siete doncellas especiales de la casa del rey; y la llevó con sus doncellas a lo mejor de la casa de las mujeres.
¹⁰ Ester no declaró cuál era su pueblo ni su parentela, porque Mardoqueo le había mandado que no lo declarase.
¹¹ Y cada día Mardoqueo se paseaba delante del patio de la casa de las mujeres, para saber cómo le iba a Ester, y cómo la trataban.

Ester 2:8-11
Reina Valera 1960 (RVR1960)

Mardoqueo fue instrumental en el momento en el que Ester debía enfrentar al enemigo más peligroso de su vida: al súbdito Amán. Este nefasto personaje era el primer ministro de la corte de Asuero y un enemigo acérrimo de los judíos. Y él hizo que el rey firmara un edicto para la destrucción de los israelitas en todo el Imperio Persa. Mardoqueo supo del peligro que se cernía sobre su pueblo y acudió a la reina Ester para ordenarle inmediata intervención:

⁷ Y Mardoqueo le declaró todo lo que le había acontecido, y le dio noticia de la plata que Amán había dicho que pesaría para los tesoros del rey a cambio de la destrucción de los judíos.
⁸ Le dio también la copia del decreto que había sido dado en Susa para que fuesen destruidos, a fin de que la mostrase a Ester y se lo declarase, y le encargara que fuese ante el rey a suplicarle y a interceder delante de él por su pueblo.

Ester 4:7-8
Reina Valera 1960 (RVR1960)

Ester reacciona turbada y con miedo ante aquellas dificultades. Dios nos ha puesto en la vida de nuestros adolescentes precisamente para ayudarlos a enfrentar esa clase de oposición, para brindarles apoyo cuando reaccionan turbados ante los grandes retos y dolores que el crecimiento produce en sus vidas. Mardoqueo no se intimidó y pudo ayudar a Ester a acercarse más a Dios para que en esa hora de dificultad tomara las decisiones correctas.

En la vida de nuestras Esteres y nuestras Bettys llegarán horas de dificultad, causadas por las peticiones que les harán Persia y Babilonia para que comprometan su integridad relacional y sexual, para que se adapten al molde de las «divas sensuales». Y allí tu influencia será instrumental para que el propósito de Dios se cumpla en sus vidas. Mardoqueo tuvo que confrontar a Ester para que hiciera frente a su destino confiando en que Dios le sostendría:

> [13] Entonces dijo Mardoqueo que respondiesen a Ester: No pienses que escaparás en la casa del rey más que cualquier otro judío.
> [14] Porque si callas absolutamente en este tiempo, respiro y liberación vendrá de alguna otra parte para los judíos; mas tú y la casa de tu padre pereceréis. ¿Y quién sabe si para esta hora has llegado al reino?

Ester 4:13-14
Reina Valera 1960 (RVR1960)

Como a Mardoqueo, Dios te ha colocado en la vida de tus adolescentes y jóvenes para alentarlos, pero también para exhortarlos y confrontarlos con aquellas cosas que pueden alejarlos de su propósito eterno. Eres un Mardoqueo o una Mardoquea cuando:

1. Los estimulas a las buenas obras.

2. Los corriges y los amonestas.

3. Les das consejos y opiniones fundadas en la Palabra de Dios.

4. Les recuerdas, en momentos difíciles, su destino profético: qué es lo que en el cielo se dice en esos momentos.

5. Perseveras en oración por ellos, sabiendo que Aquel que comenzó la buena obra en ellos la ha de perfeccionar.

La historia finaliza señalando que Ester, uniendo su diplomacia de reina a la sagacidad y mentoría de su tío Mardoqueo, logra que el rey dicte otro decreto para salvar la vida de los judíos y que su gran enemigo, Amán, sea ahorcado en la misma horca que ordenó construir para asesinar a Mardoqueo. Esta historia pone de manifiesto que las Bettys sí llegan a ser reinas. ¡Con tu ayuda lo lograrán! Llegarán a ser mujeres de realeza al servicio del Rey de reyes y Señor de señores.

Capítulo 5
Juan el Bautista: Un profeta raro y nerd

⁴⁻⁸ Por esos días, Juan el Bautista apareció en el desierto. Se vestía con ropa hecha de pelo de camello y usaba un taparrabos de cuero. Comía saltamontes y miel silvestre.

Marcos 1:6
Traducción en lenguaje actual (TLA)

Los nerds nos colamos dondequiera. Creo que todo grupo de amigos o amigas de cualquier escuela, club, organización deportiva, grupo juvenil eclesiástico, grupo universitario o compañeros de trabajo no está completo si no hay un nerd. ¿Es o no cierto?

Creo que una de las series más populares de mi adolescencia fue *Salvados por la campana* (Saved by the Bell). Las series televisivas para adolescentes tienen la magia de transportarnos a nuestras vivencias de esa etapa de nuestras vidas. No importa si tu escuela, universidad o país son exactamente iguales a los de los protagonistas; encontrarás que las situaciones son las mismas. Y más que nada, a aquellos a los que los personajes representan.

Esta serie narra la vida y las aventuras escolares de seis adolescentes de la escuela Bayside, en California. Tres chicos y tres chicas. Entre los varones, Zack Morris es el encantador muchacho travieso, guapo y coqueto que las chicas adoran. Siempre busca salirse con la suya e idea muchísimos planes que generalmente terminan metiéndolo en problemas y llevándolo a la oficina del principal de la escuela, el Sr. Belding. Otro es A.C. Slater, un estudiante de ascendencia latina, héroe en los deportes, perteneciente al equipo de fútbol americano de su escuela, musculoso y galán, que siempre compite con Zack por la atención de las chicas de Bayside.

Por el lado de las chicas, Kelly Kapowski es la más bella y lista, líder de las porristas de la escuela: la presea dorada en la lucha entre Zack y Slater. Lisa Turtle es la diva de la moda, siempre pendiente de su apariencia, de las revistas, de las fiestas y, sobre todo, de lucir bien. Jessie Spano es la estudiante perfecta. Chica de notas sobresalientes, muy consciente de su carrera universitaria, espabilada, bella y brillante. Pero, como todos imaginarán, este combo de amigos no está completo sin un nerd: Samuel Powers, alias «Screech», que completa el trío de varones.

¿No te parece que de alguna manera todos ellos forman parte de tu ministerio?

Screech es ese chico flaquísimo, superinteligente, de vestimenta peculiar, colorida y descombinada, pelo revuelto y desaliñado, con una imaginación infantil y demasiado torpe para salirse con la suya. Su amor platónico es Lisa Turtle, a la que persigue obsesivamente para enamorarla. ¡Pero que va, de eso nada! Creo que una buena palabra para describir a Screech es «raro», por su forma de pensar, expresarse, y sencillamente de ser.

Sin temor a equivocarme, diría que en todas nuestras escuelas, trabajos, universidades e iglesias tenemos un Screech, alguien al que no podemos comprender fácilmente. Tal vez sean jóvenes con mucha capacidad, ciertamente especiales, dotados de inteligencia, pero que no encajan dentro de los cánones corrientes.

También la Biblia nos presenta personajes así y su «rareza» no constituyó un motivo para que fuesen excluidos de la agenda de Dios. Por el contrario, su estilo peculiar les ganó un mensaje distintivo en su tiempo. Ese es el caso de Juan el Bautista, a quien llamo «un profeta raro y nerd».

¿Quién es Juan el Bautista?

Juan es llamado «el Bautista» por su prédica del arrepentimiento del pecado y del bautismo, como bien señalan las Escrituras:

³ Y él fue por toda la región contigua al Jordán, predicando el bautismo del arrepentimiento para perdón de pecados,

Lucas 3:3
Reina Valera 1960 (RVR1960)

Sin duda alguna es el «precursor», el «vocero» de Dios para proclamar el arribo del Mesías y el inicio del reino de Dios.

Como está escrito en el libro de las palabras del profeta Isaías:
Voz del que clama en el desierto:
Preparad el camino del Señor;
Enderezad sus sendas.
⁵ Todo valle se rellenará,
Y se bajará todo monte y collado;
Los caminos torcidos serán enderezados,
Y los caminos ásperos allanados.

Lucas 3:4-5
Reina Valera 1960 (RVR1960)

Zacarías e Isabel (o Elisabet según la versión bíblica), los padres de Juan, como sabemos por Lucas, eran los dos justos ante Dios, y caminaban sin tacha en todos los mandamientos y preceptos del Señor. No tenían hijos, porque Isabel era estéril, además de ser ambos de edad avanzada. Así que el nacimiento de Juan fue un gran evento en el plan profético de Dios para preparar el camino del ministerio de Jesús. El pobre Zacarías quedó mudo tras recibir la noticia del ángel del Señor y mostró incredulidad ante la posibilidad de que en su vejez él y su esposa fueran padres de un niño prodigio al que llamarían Juan. Y no recuperó el habla hasta después del nacimiento del muchacho, según lo indica Lucas (1:64). Isabel, la madre del precursor, era «descendiente de Aarón», según Lucas 1:5. El mismo evangelista unos versículos después (1:36) la llama parienta. La palabra utilizada es *syggenis*, esto significa que ella es «prima» de María. [1] Así que Juan y Jesús estaban emparentados. ¿Se los imaginan en

---

[1] Enciclopedia Católica. http://ec.aciprensa.com/j/juanbautista.htm. Acceso obtenido sábado 9 de febrero de 2013.

algún encuentro de la niñez jugando juntos? ¿Quién le ganaría en las carreras al «Hijo de Dios»? Perdonen mi imaginación de nerd, pero hubiese sido fantástico haber recibido algunos relatos de las Escrituras acerca del crecimiento del «niñito» y del «adolescente» Jesús, ¿no les parece? Ahora bien, durante el sexto mes tuvo lugar la anunciación, y como María había escuchado del ángel que su prima había concebido, fue con prontitud a felicitarla. «Y en cuanto oyó Isabel el saludo de María, el niño —lleno, como su madre, del Espíritu Santo— saltó de gozo en su seno», como si reconociera la presencia de su Señor. Entonces se cumplió la profética declaración del ángel acerca de que el niño sería «lleno del Espíritu Santo ya desde el seno de su madre». Además, todos esos acontecimientos, a saber, un niño nacido a una pareja de edad avanzada, la repentina mudez de Zacarías, su recuperación igualmente repentina del habla, y su asombrosa declaración, tenían que infundir admiración a los vecinos congregados. Estos solo podían preguntarse: «Pues, ¿qué será de este niño?».[2]

¿Pelo de camello y un taparrabos de cuero?

Si seguimos la narración de Lucas, en los dos primeros capítulos de su Evangelio encontraremos los anuncios del nacimiento de Juan el Bautista y de Jesús a sus respectivas madres (María e Isabel), la visita entre esas dos embarazadas, el nacimiento de ambos niños, la profecía de Zacarías sobre el ministerio de Juan y el de Jesús, los acontecimientos de la zaga de la Natividad y dos eventos de la niñez del Mesías (la presentación en el templo y su tertulia con los doctores de la ley, también en el templo). Pasado un periodo como de 30 años, llegan los acontecimientos del capítulo 3, momento en el que comienza el ministerio de predicación de Juan el Bautista, o lo que podemos considerar como el inicio de su ministerio público.

El comienzo de su ministerio rompe con un periodo de silencio de más de 450 años en el que no hubo voz profética en Israel. El Antiguo Testamento se cierra con el profeta Malaquías

---

[2] Ibíd.

anunciando la venida de un nuevo Elías con un anuncio profético extraordinario. Todos los Evangelios reconocen a Juan como ese profeta:

> [9] Pero ¿qué salisteis a ver? ¿A un profeta? Sí, os digo, y más que profeta.
> [10] Porque éste es de quien está escrito:
> He aquí, yo envío mi mensajero delante de tu faz,
> El cual preparará tu camino delante de ti.
> [11] De cierto os digo: Entre los que nacen de mujer no se ha levantado otro mayor que Juan el Bautista; pero el más pequeño en el reino de los cielos, mayor es que él.
> [12] Desde los días de Juan el Bautista hasta ahora, el reino de los cielos sufre violencia, y los violentos lo arrebatan.
> [13] Porque todos los profetas y la ley profetizaron hasta Juan.
> [14] Y si queréis recibirlo, él es aquel Elías que había de venir.

Mateo 11:9-14
Reina Valera 1960 (RVR1960)

Cuando hablamos del profeta Elías, estamos hablando de las grandes ligas en lo que hace a la historia de Israel. Elías tuvo un ministerio profético poderoso. Y como para muestra basta un botón, 1 Reyes 18:21-40 narra la batalla épica entre Jehová y Baal, en la que ante la oración del hombre de Dios baja fuego del cielo y consume el sacrificio. Solo por la oración de ese mortal llamado Elías. Y Jesús acaba de decir en el pasaje anterior que *«entre los que nacen de mujer no se ha levantado otro mayor que Juan el Bautista»*. ¡Esas son palabras mayores!

¿Cómo imaginan ustedes a ese gran personaje? A alguien descrito con semejantes palabras, yo me lo imaginaría como un hombre sabio y poderoso, tal vez tipo Gandalf "El Blanco" (Gandalf "The White"), el mago sabio de la trilogía de películas del Señor de los Anillos (Lord of the Rings). Pero Juan no llena ninguna de esas características. La Biblia lo describe como un tipo muy «raro» y hasta estrafalario. ¡Perdonen, pero eso es lo que señala el texto!

Hasta el inicio del capítulo 3 de Juan, al parecer, llevaba la vida de un anacoreta. [3] El libro de Marcos, en el capítulo 1, versículo 6, cita del epígrafe que abre este capítulo. Lo describe así: «Por esos días, Juan el Bautista apareció en el desierto. Se vestía con ropa hecha de pelo de camello y usaba un taparrabos de cuero. Comía saltamontes y miel silvestre». Tal era el desconcierto que causaba la figura de Juan, que Jesús salió en su defensa porque algunos decían que estaba endemoniado:

> [18] Porque vino Juan, que ni come ni bebe, y dicen que tiene un demonio.
>
> **Mateo 11:18**
> Reina Valera 1960 (RVR1960)

Dejen correr su imaginación conmigo. ¿Pueden imaginar al adolescente Juan? Tal vez era el primo «raro» o «medio loco» de la familia. Un muchacho brillante, muy inteligente, lo cual sabemos por el mensaje intrigante y poderosos que comunicaba en su predicación. Juan era un enigma para los que lo rodeaban. Lo imagino de adolescente: reservado, como metido en su mundo. Tal vez un tanto antisocial, de pocos amigos, solitario. Un muchacho radical en sus convicciones, hasta obstinado, sin mucha preocupación por el qué dirán o por su marca de ropa o estilo. Con un gran llamado sobre sus hombros. Pero creo que su perfil no necesariamente encajaba con lo que la gente identificaba como alguien llamado a ser profeta en su adolescencia.

¿Conoces jóvenes así? ¿Tienes el rostro de alguno de tus jóvenes ahora mismo en mente?

Como pastores y líderes juveniles, todos tenemos a un «Juan el Bautista» o a una «Juana Bautista» en nuestro ministerio. El peligro es que no seamos capaces de ver más allá, por encima de su ropa, el potencial y el llamado que hay dentro de ellos. Muchas

---

[3] Persona que vive en un lugar solitario, entregada a la contemplación y la penitencia. http://www.wordreference.com/definicion/anacoreta. Acceso obtenido el lunes 11 de febrero.

veces, cuando tenemos nerds como Juan, encontramos dificultad en cuanto a la forma de trabajar con ellos para poder integrarlos a la dinámica del resto de los adolescentes que pastoreamos. ¿Podemos imaginar cómo habría sido la dinámica escolar de un muchacho como Juan en nuestra sociedad? Los chicos y chicas con un perfil semejante al de Juan, lamentablemente tanto en la escuela como en nuestros ministerios, son víctimas de burla, mofa, crítica, rechazo, exclusión y abuso. Tal vez el profeta Juan haya sido víctima de «*bullying*» o «acoso», como lo llamamos hoy.

Bullying o «acoso escolar»

> «He decidido matarme porque día tras día voy al colegio y allí solo me ocurren cosas malas. Nunca me pasa nada bueno. Si los niños de mi clase se pusieran en mi lugar, podrían entender lo que siento. Si tan solo supieran lo que siento todos los días... Incluso en mis sueños, lo único que hay son cosas malas. Con el único que puedo hablar es con el hámster, pero el hámster no me puede responder. A lo mejor el que yo naciera fue un error. En este momento no puedo parar de llorar. Había solo una cosa que quería mientras estuviera vivo, un amigo con quien hablar. Nada más, solo un amigo para hablar desde el corazón. Solo un amigo así, uno nada más, era lo único que quería». [4]

Este fue el comentario o carta que dejó un niño de educación básica antes de quitarse la vida, víctima del acoso. Para nosotros que como líderes juveniles hemos dedicado años de nuestra vida a amar y servir a nuestros jóvenes, que un adolescente considere quitarse la vida o se suicide resulta perturbador y constituye un dato sencillamente inaceptable.

Bullying es una palabra proveniente del vocablo holandés que significa acoso. Es el maltrato físico o psicológico deliberado y

---

[4]   Sitio educativo. http://educall-educall.blogspot.com/2012_05_01_archive.html. Acceso obtenido el 3 de febrero de 2013.

continuo que recibe un niño o un adolescente por parte de otros en el ámbito escolar. [5]

Es un fenómeno que se ha empezado a estudiar como respuesta a la creciente violencia escolar, específicamente el maltrato e intimidación que se manifiesta cotidianamente entre los niños, niñas y adolescentes de todos los niveles socioeconómicos y en la mayor parte de las escuelas.

El *bullying* se caracteriza por un abuso de poder, por un deseo de intimidar y dominar al otro. El agresor intimida agrediendo a la víctima, causando un daño físico o emocional que se manifiesta con un descenso en la autoestima, con estados de ansiedad e incluso depresión que dificultan la integración en el medio escolar y el desarrollo normal del aprendizaje. La víctima desarrolla miedo y rechazo al contexto en el que sufre la violencia, así como pérdida de confianza en sí mismo y en los otros, además de una disminución del rendimiento escolar.

Este fenómeno se mantiene debido a la ignorancia o pasividad de las personas que rodean a los agresores y a las víctimas, manteniéndose al margen y sin intervenir directamente. De igual manera, esto afecta a los demás compañeros, que se vuelven espectadores o testigos. Considerar este fenómeno como «natural» hace que la población se insensibilice ante la «violencia». Los niños, niñas y jóvenes son muy sensibles a estas cuestiones, ya que la interacción con la gente que los rodea constituye una parte esencial en la construcción de su identidad y su personalidad.

Se pueden identificar algunos tipos de *bullying*

Físico. Incluye toda acción corporal tal como golpes, empujones, patadas, formas de encierro y daño a pertenencias, entre otras. Es la forma más habitual de *bullying*. Se identifica porque suele dejar huellas corporales. Conforme la edad y el desarrollo físico aumentan, las agresiones se vuelven más violentas y peli-

---

[5] Lo próximo es un extracto informativo de *Psicología y Educación Integral A.C. (PEI A.C.)*, www.peiac.org. Acceso obtenido el 3 de febrero de 2013 en http://plenilunia.com/revista-impresa/maltrato-psicol-gico-en-la-escuela-bullying/1376/.

grosas (sobre todo entre los varones) y con una intencionalidad más explícita.

Verbal. Incluye acciones no corporales como poner apodos, insultar, amenazar, generar rumores, usar expresiones raciales o sexistas con la finalidad de discriminar, difundir chismes, realizar acciones de exclusión, hacer a alguien objeto de bromas insultantes y repetidas, y otras. Es más utilizado por las mujeres a medida que se van acercando a la adolescencia.

Psicológico. Es el más difícil de detectar, ya que incluye formas de agresión, amenazas o exclusión que se llevan a cabo a espaldas de cualquier persona que pueda advertir la situación, por lo que el agresor logra permanecer en el anonimato. Puede consistir en una mirada, una señal obscena, una cara desagradable, un gesto o cosas similares.

Se usa frecuentemente para subrayar, reforzar o resaltar acciones llevadas a cabo con anterioridad y mantener latente la amenaza. Incrementa la fuerza de la agresión, pues el agresor exhibe un poder mayor al mostrar que es capaz de amenazar aunque esté «presente» una figura de autoridad. En el agredido aumenta el sentimiento de indefensión y vulnerabilidad, pues percibe este atrevimiento como una amenaza que tarde o temprano se materializará de manera más contundente.

Cyberbullying. Fenómeno nuevo, derivado de los grandes avances tecnológicos. Este se lleva a cabo a través de correos, blogs, páginas personales, chats, páginas web, telefonía celular, llamadas y mensajes de texto. Estas herramientas dan la oportunidad de enviar mensajes desde el anonimato, que incluyen amenazas, difamaciones, groserías y diferentes formas de comunicación agresiva y violenta, de manera masiva y anónima.

Un ministerio en el que quepan aquellos como «Juan el Bautista»

Este detalle llamó mi atención y me hizo pensar en Juan el Bautista como un adolescente que, si estudiara hoy en nuestras escuelas o fuese parte de nuestros grupos juveniles, podría resultar víctima de *bullying*. El perfil de aquellos que generalmente lo sufren es este: «Son comúnmente *niños tímidos y poco sociables*. Ante un acoso constante, lógicamente se sienten *angustiados, tensos y con mucho miedo,* a tal grado que en algunos casos puede llevarlos a consecuencias devastadoras».[6]

En el ministerio juvenil también podemos perpetuar estos esquemas de abuso. Tal vez no de manera tan violenta o con características físicas (aunque podría llegar a acontecer), pero sí de un modo verbal, psicológico y hasta cibernético, que resulta tanto o aun más doloroso. Es importante que como líder juvenil te conviertas en un defensor de tus nerds que son como Juan el Bautista. Por eso quisiera puntualizar algunos consejos prácticos que me han resultado útiles en mi experiencia pastoral al lidiar con los problemas de mis nerds en esta área:

1. No te desentiendas de los asuntos de interacción entre tus adolescentes en las actividades sociales o durante el desarrollo regular del programa ministerial.

2. Elimina la mofa y las burlas que permiten el uso de sobrenombres, apodos, vejaciones y faltas de respeto. Inclusive la violencia y los golpes como modo de broma, y los castigos llevados a cabo en maneras chistosas.

3. Nunca, nunca, nunca te burles de la situación o condición de algún adolescente. Si lo haces, promueves esa conducta y algunos otros se sentirían incentivados a hacerlo también.

4. Intencionalmente acércate a aquellos a los que se les dificulta la interacción con los demás. Preséntalos al grupo, inclúyelos.

5. Desarrolla una cultura de sensibilidad y apoyo, muy en especial con los que siempre se sienten excluidos.

---

[6] Sitio educativo. http://educall-educall.blogspot.com/2012_05_01_archive.html. Acceso obtenido el 3 de febrero de 2013.

6. Busca que en los juegos y participaciones haya espacio para alternar roles y participantes. Recuerda que la exclusión sistemática es un modo de acoso.

7. Trabaja en desarrollar un ministerio de «puertas abiertas», que brinde oportunidades frecuentes de participar y servir, y que facilite el proceso de integración.

8. Resulta trabajoso, pero no te canses de abrir brechas en los «grupitos» cerrados que no le dan acceso a otros. ¡Si has estado suficiente tiempo en el liderazgo de un grupo juvenil, sabes a lo que me refiero!

9. Habla del tema en conferencias juveniles y en reuniones informativas para padres.

10. Pastorea a los nerds que han sufrido abusos.

El potencial de los que son como «Juan el Bautista»

Juan el Bautista, el profeta nerd, raro y estrafalario, se convirtió en el vocero de las nuevas de salvación para toda aquella sociedad. Como el mismo texto lo afirma, «Jerusalén, toda Judea, y toda la región del Jordán» (Mateo 3:5) fueron atraídas por su fuerte e impactante personalidad. Acudían a él, pues la austeridad de su vida aumentaba inmensamente el peso de sus palabras; para la gente sencilla era verdaderamente un profeta. [7]

«Convertíos, porque el reino de los cielos está cerca» (Mateo 3:2), tal era el estribillo de su enseñanza. Hombres de todas las condiciones sociales se congregaban a su alrededor. Su mensaje era persuasivo y poderoso:

> [10] La gente le preguntaba:
> —Y entonces, ¿qué podemos hacer?
> [11] Él les respondía:

---

[7] Enciclopedia Católica. http://ec.aciprensa.com/j/juanbautista.htm. Acceso obtenido sábado 9 de febrero de 2013.

—El que tenga dos mantos, comparta uno con quien no tenga nada que ponerse. El que tenga comida, compártala con quien no tenga nada que comer.

[12] Vinieron también unos cobradores de impuestos y le preguntaron a Juan:

—Maestro, ¿qué podemos hacer para salvarnos?

[13] Juan les contestó:

—No le cobren a la gente más dinero del que debe pagar.

[14] Unos soldados preguntaron:

—Juan, ¿qué podemos hacer nosotros?

Él les contestó:

—Ustedes amenazan a la gente y la obligan a que les dé dinero. Sólo así le prometen dejarla en paz. ¡No lo vuelvan a hacer, y quédense satisfechos con su salario!

[15] Todos se admiraban y querían saber si Juan era el Mesías que esperaban.

Lucas 3:10-15
Traducción en lenguaje actual (TLA)

Su palabra era fuerte, e iba sazonada para cambiar y confrontar aun a los líderes religiosos de su tiempo:

[7] Al ver Juan que muchos fariseos y saduceos venían para que él los bautizara, les dijo:

«¡Ustedes son unas víboras! ¿Creen que se van a escapar del castigo que Dios les enviará? [8] Demuestren con su conducta que han dejado de pecar. [9] No piensen que se salvarán sólo por ser descendientes de Abraham. Si Dios así lo quiere, hasta a estas piedras las puede convertir en familiares de Abraham. [10] Cuando un árbol no produce buenos frutos, su dueño lo corta de raíz y lo quema. Y Dios ya está listo para destruir a los que no hacen lo bueno.

Mateo 3:7-10
Traducción en lenguaje actual (TLA)

Y no solamente a ellos, sino también a las autoridades. No se nos dice cuándo y dónde se encontró Juan con Herodes, pero por los Evangelios Sinópticos sabemos que Juan se atrevió a reprocharle al tetrarca sus malas acciones, especialmente su adulterio público. Herodes, influido por Herodías, no le permitió al importuno recriminador marchar sin castigo: «Envió a prender a Juan y le encadenó en prisión». Herodías alimentaba un amargo odio contra Juan, «le aborrecía y quería quitarle la vida» (Marcos 6:19). Aunque Herodes al principio compartía su deseo, «temía a la gente porque le tenían por profeta» (Mateo 14:5). Después de un tiempo, el resentimiento de Herodes parece haberse reducido, pues, según Marcos 6:19-20, escuchaba a Juan con gusto e hizo muchas cosas a sugerencia de él. [8]

¡Sorprendente! ¿No les parece? Aun Herodes escuchaba a Juan. Esto puede hacer Dios con los Juanes que pastoreas hoy.

Juan murió indignamente en la fortaleza de Maqueronte, decapitado por petición de Herodías (que odiaba a muerte a Juan) y su hija Salomé. Herodes entregó en una bandeja la cabeza del más grande profeta «entre los nacidos de mujer» (Marcos 6:27-28). Los discípulos de Juan, al enterarse de su muerte, «vinieron a recoger el cuerpo y le dieron sepultura» (Marcos 6:29), «luego fueron a informar a Jesús» (Mateo 14:12).

Juan fue mártir por la causa de Cristo. Se inmoló por ella. Oponerse al monarca señalando públicamente su vida inmoral fue haber determinado su sentencia de muerte. Se fijó un precio por su cabeza. La muerte no lo sorprendió como un loco ermitaño, sino que dejó una comunidad de discípulos a su paso. Por su mensaje, y al momento de su partida, algunos de ellos fueron a seguir a Jesús (Juan 1:37). Ese es el potencial que tienen tus jóvenes como Juan el Bautista. Nuestra tarea es convertirlos en los profetas de la nueva generación. Que no te confunda su exterior estrafalario; detrás de todo nerd hay un profeta, un hombre o una mujer de Dios capaz de anunciar el camino a la salvación, la llegada del Mesías y el reino de los cielos que se ha acercado.

[8] Ibíd.

Capítulo 6
Felipe: El discípulo nerd

> ⁷ Felipe le respondió:
> —Ni siquiera el salario de doscientos días bastaría para comprar el pan suficiente para que cada uno recibiera un poco.
>
> **Juan 6:7**
> Dios Habla Hoy (DHH)

Como habrás descubierto por la lectura de este libro, parecería que ser un nerd está de moda. Cuanto más estudio la vida de estos personajes bíblicos, más disfruto de personificarlos, imaginarlos en su adolescencia y visualizarlos de la manera en que lo estoy narrando en los relatos de este libro. Así sucede con el próximo personaje bíblico que traigo a colación.

El 24 de septiembre del 2007, la cadena CBS estrenó con muchísimo éxito la comedia *La teoría del Big Bang* (Big Bang Theory).[1] Si la has visto y te gusta la serie, en definitiva «eres un nerd». A esa conclusión llegó una amiga, excelente psicóloga, líder juvenil y compañera universitaria, hace poco en un retiro de líderes. Mientras hablábamos, en uno de los giros de la conversación se hizo mención al programa, y ella señaló que viendo la serie se percató de que la única en su familia a la que le gustaba era ella. Y exclamó, provocando nuestra risa: «Soy medio nerdita, ¿verdad?».

La serie presenta la vida de cuatro amigos que, no hay otra forma de describirlos, son nerds a la quinta potencia. Sheldon y Leonard son dos físicos que residen juntos y trabajan en el Instituto Tecnológico de California, ambos intelectuales brillantes

---

[1] Referencias: http://es.wikipedia.org/wiki/The_Big_Bang_Theory, http://www.tv.com/shows/the-big-bang-theory/.

en su trabajo, y amigos a su vez de Howard y Raj, también unos completos nerds, muy alejados de las inquietudes y problemas de la gente común. Howard Wolowitz es un ingeniero nerd, con ínfulas de galán, que usa una vestimenta y un *look* rarísimos, como sacados de una película de los sesenta. Rajesh Koothrappali es astrofísico, de nacionalidad india, igualmente brillante, inadaptado, pero un poco más espabilado. En el curso de la serie, se nota la dificultad de los protagonistas en relacionarse con personas de fuera de su entorno, pero principalmente con las chicas, y eso es lo que da lugar a situaciones cómicas.

Puerta con puerta del apartamento en que viven Sheldon y Leonard se muda Peny, una chica rubia, extraordinariamente bella, camarera y aspirante a actriz. Ella es el amor platónico de Leonard. En verdad, es amiga de los cuatro, y la única chica y amiga del otro sexo que tiene el grupo. Es la que intenta conectar a los chicos con el mundo real que existe fuera del laboratorio. Esta serie explota hábilmente la inadecuación de estos nerds con el mundo, presentando situaciones muy cómicas. Hilvana hábilmente referencias a principios y hasta a teorías físicas auténticas, aunque de manera muy simple, para que lleguen a la comprensión de toda la audiencia. Y también integra referencias muy graciosas a las obsesivas fijaciones del micromundo de estos nerds, como series de ciencia ficción, videojuegos, consolas digitales, tirillas cómicas, sistemas operativos de computadora y redes sociales. Esos chicos son obsesivos con todo lo que tenga que ver con los juguetes y artículos de colección de las series de superhéroes y con los artículos relacionados con ese círculo.

¿A que ahora mismo estás pensando en un par de adolescentes así que tienes en tu equipo juvenil? ¿No serás tú mismo, tal vez?

Jim Parsons es el actor que de manera genial encarna al personaje de Sheldon. El Dr. Sheldon Lee Cooper es un físico teórico, quien en su niñez fue un niño superdotado que pasó del quinto año de primaria a la universidad (tipo Doogie Howser, Capítulo 3) y logró dos doctorados y una maestría. ¡Qué bárbaro!, ¿no?

Es superbrillante, pero también extremadamente soberbio. Consciente de que su inteligencia es superior a la de la mayoría de las personas y a la de sus propios amigos, se los hace notar con frecuencia. Siempre menciona que tiene un cociente intelectual de 187, y no repara en mencionarlo como un argumento a su favor en las frecuentes discusiones que mantiene con ellos. Tiene también varios defectos y hasta compulsiones: miedo escénico, inadaptación social, incapacidad para ser empático con la gente, imposibilidad de identificar un sentido común del humor o una ironía. Es hipocondríaco, exagerado, incapaz de mentir y de guardar secretos. Y para colmo, todo lo tiene que pasar por un filtro lógico y racional, analizándolo «científica y matemáticamente». ¡Es un caso!

Precisamente, de esa manera me imagino a Felipe, el apóstol y discípulo nerd.

¿Quién es Felipe?

Como los hermanos Pedro y Andrés, Felipe era natural de Betsaida, junto al lago de Genesaret, como narra Juan 1:44. También estaba entre aquellos que seguían a Juan el Bautista y fueron tras Jesús cuando Juan lo declaró «el Cordero de Dios» (Juan 1:36). [2] Al día siguiente del llamamiento de Pedro, cuando estaba a punto de partir para Galilea, Jesús se encontró con Felipe y lo llamó a ser su discípulo:

> [43] Al día siguiente, Jesús decidió ir a la región de Galilea. Encontró a Felipe, y le dijo:
> —Sígueme.
> [44] Este Felipe era del pueblo de Betsaida, de donde eran también Andrés y Pedro. [45] Felipe fue a buscar a Natanael, y le dijo:
> —Hemos encontrado a aquel de quien escribió Moisés en los libros de la ley, y de quien también escribieron los profetas. Es Jesús, el hijo de José, el de Nazaret.
>
> Juan 1:43-45
> Dios Habla Hoy (DHH)

---

[2] Enciclopedia Católica http://ec.aciprensa.com/f/felipeapost.htm. Accesada enero 27 de 2013.

¿Prestaron atención a la predicación de Felipe a Natanael, su amigo, con respecto a Jesús? Es crítica e informada. Felipe destaca su conocimiento de la ley y los profetas para hablar de Cristo. En Juan 4, cuando la mujer samaritana sale de su encuentro con Jesús, lo que señala de su experiencia con Cristo es su intrigante carácter profético:

> [29] —Vengan a ver a un hombre que me ha dicho todo lo que he hecho. ¿No será éste el Mesías?
>
> **Juan 4:29**
> Dios Habla Hoy (DHH)

Si me permiten decirlo, ¡esa es la predicación de un nerd! Y resultó eficaz, pues Natanael también se convirtió en discípulo de Jesús.

En ocasión de la selección y el envío de los doce, Felipe estuvo incluido entre los apóstoles propiamente dichos. Su nombre figura en quinto lugar en las tres listas bíblicas (Mateo 10:2-4, Marcos 3:14-19, Lucas 6:13-16) detrás de las dos parejas de hermanos, Pedro y Andrés, y Santiago y Juan. [3]

El discípulo nerd en acción

En el epígrafe que sirve de texto áureo a este capítulo señalo uno de los dos momentos que se destacan, a mi entender, y le ganan a Felipe mi designación como discípulo nerd.

La multiplicación de los panes y los peces es la única historia bíblica de la vida de Jesús, según señala el comentarista Mathew Henry, que se registra en los cuatro evangelios (Mateo 14:13-21; Marcos 6:30-44; Lucas 9:10-17; Juan 6). Sin embargo, solo la narrativa de Juan es la que destaca la interacción entre Felipe y el Maestro:

> Después de esto, Jesús se fue al otro lado del Lago de Galilea, que es el mismo Lago de Tiberias. [2] Mucha gente

[3] Ibíd.

lo seguía, porque habían visto las señales milagrosas que hacía sanando a los enfermos. [3] Entonces Jesús subió a un monte, y se sentó con sus discípulos. [4] Ya estaba cerca la Pascua, la fiesta de los judíos. [5] Cuando Jesús miró y vio la mucha gente que lo seguía, le dijo a Felipe:

—¿Dónde vamos a comprar pan para toda esta gente?

[6] Pero lo dijo por ver qué contestaría Felipe, porque Jesús mismo sabía bien lo que había de hacer. [7] Felipe le respondió:

—Ni siquiera el salario de doscientos días bastaría para comprar el pan suficiente para que cada uno recibiera un poco.

Juan 6:1-7
Dios Habla Hoy (DHH)

¿No les parece interesante la conversación de Jesús con Felipe? Cristo pone en las manos de sus discípulos una tarea humanamente imposible: alimentar a aquella multitud. Denle un poco de alas a su imaginación. Todavía los discípulos no han comprendido que andan con el Hijo de Dios encarnado, con el Primogénito de la Creación, con la Gloria Visible de Dios, al que le ha sido dado todo poder y autoridad y que es el que le pregunta a Felipe: *¿Dónde vamos a comprar pan para darle de comer a toda esta gente?* La escena resulta risueña. ¿Se imaginan al pobre Felipe haciendo las cuentas, sumando, restando, multiplicando y dividiendo? Denarios x hombres + mujeres + niños ÷ mendrugos de pan x persona... En fin, llevando toda una contabilidad para rendirle un informe a Jesús sobre el asunto, tipo Sheldon Cooper en la Teoría del Big Bang. Un obrero bien pago en tiempos de Jesús podría ganar un denario por jornada diaria de trabajo. Así que con este dato adicional, Felipe responde: *«Ni con casi siete meses de salario podríamos resolver este asunto»*.

Como bien lo señala el evangelista Juan, Jesús estaba probando a Felipe, pues la acción que iba a realizar para efectuar la multiplicación ya estaba planeada en su agenda de trabajo. Ahora bien, más allá de toda la riqueza teológica que nos proporciona este pasaje para predicar sobre la compasión, la misericordia de Jesús, el amor por el menesteroso, la acción sanadora de la iglesia ante el necesitado y más, quiero enfocarme en la actitud y el pensamiento matemático que demuestra Felipe, porque con seguridad en tu ministerio juvenil hay alguien como él.

Son esos jóvenes brillantes, que preguntan cosas que a ti no se te hubiese ocurrido preguntar en tu vida mientras crecías en el ministerio juvenil... Que en ocasiones le buscan cinco patas al gato... Que en tu equipo de trabajo calculan todo por sistemas, medidas, procesos, pesos y contrapesos... Que pueden ser como Sheldon Cooper, con un intelecto superior al de los demás y con una iniciativa como para usarlo, a veces para la incomodidad de los otros.

Es el cuestionamiento de Felipe el que mueve a Jesús a darles un discurso teológico a sus discípulos sobre la naturaleza y la esencia de Dios mismo, y acerca de la relación que tenía con él como Padre, en el maravilloso capítulo catorce del evangelio de Juan:

> [7] Si ustedes me conocen a mí, también conocerán a mi Padre; y ya lo conocen desde ahora, pues lo han estado viendo.
> [8] Felipe le dijo entonces:
> —Señor, déjanos ver al Padre, y con eso nos basta.
> [9] Jesús le contestó:
> —Felipe, hace tanto tiempo que estoy con ustedes, ¿y todavía no me conoces? El que me ha visto a mí, ha visto al Padre; ¿por qué me pides que les deje ver al Padre? [10] ¿No crees que yo estoy en el Padre y el Padre está en mí? Las cosas que les digo, no las digo por mi propia cuenta. El Padre, que vive en mí, es el que hace sus propias obras. [11] Créanme que yo estoy en el Padre y el Padre está en mí; si no, crean al menos por las obras mismas. [12] Les aseguro que el que cree en mí hará también las obras que yo hago; y hará otras todavía más grandes, porque yo voy a donde está el Padre. [13] Y todo lo que ustedes pidan en mi nombre, yo lo haré, para que por el Hijo se muestre la gloria del Padre. [14] Yo haré cualquier cosa que en mi nombre ustedes me pidan.
>
> Juan 14:7-14
> Dios Habla Hoy (DHH)

¿Notaron la petición de Felipe? «Muéstranos al Padre y con eso nos basta». ¿Se imaginan cómo le habrá caído esa preguntilla a Jesús? Observemos la respuesta del Maestro: «Felipe, hace tanto tiempo que estoy con ustedes, ¿y todavía no me conoces? El que me ha visto a mí, ha visto al Padre; ¿por qué me pides que les deje ver al Padre?».

Como comenta J. P. Kirsch: «Estos episodios nos proporcionan un esbozo consistente de la personalidad de Felipe como hombre ingenuo, algo tímido y de una mente juiciosa».[4] Y yo añadiría que también inquisitiva. Los Felipes y las Felipas de nuestros ministerios juveniles son jóvenes que demandan respuestas. Porque Dios les ha dado un intelecto y una mente ávida, y no solo quieren sentir, sino que también necesitan pensar, cuestionar e investigar para solidificar el fundamento de su fe.

Los discípulos nerd, ¿caben en tu ministerio?

Como líderes juveniles que queremos construir un ministerio a prueba de nerds[5] es importante que evaluemos cuáles son nuestra plataforma y nuestra filosofía educativa en cuanto a la formación de nuestros jóvenes. Muchas veces nuestro plan de trabajo privilegia más el entretenimiento que la formación. En aras de atraer a los jóvenes, acentuamos más el carácter de diversión que el educativo, porque colocamos estos conceptos en lados opuestos de la ecuación.

En mi infancia disfrutaba muchísimo de jugar en el parque en el «sube y baja». Se trata de un balancín en el que son necesarias dos personas que se posicionan en los lados opuestos de una tabla apoyada sobre una base, que sube y baja con el impulso de cada uno de los jugadores. Mientras uno esta abajo, el otro sube y viceversa. Y así es que a veces en nuestros ministerios se conceptualiza el asunto de la diversión y la educación. Nues-

---

[4] Enciclopedia Católica http://ec.aciprensa.com/f/felipeapost.htm Accesada enero 27de 2013.

[5] Ver más información en el capítulo 8, donde planteo un resumen de las estrategias presentadas a lo largo del libro.

tros nerds necesitan la sana influencia social que promueve el compartir y la diversión, de la que se sienten excluidos en otros círculos por su apariencia, forma de ser e inadecuación social. Pero, en pro de alcanzarlos, también hay que presentarle retos a su intelecto e identificar maneras en que podamos ministrar a su área intelectual.

En nuestra tarea con los adolescentes también necesitamos ser críticos e identificar dentro de nuestros programas de trabajo la forma en que los estamos nutriendo no solo espiritual y emocionalmente, sino también en su intelecto. Veo con mucha tristeza el menosprecio paradigmático que nuestras generaciones más jóvenes muestran por la lectura. Si hablaras con cualquier maestro de escuela secundaria, escucharías la siguiente queja: «¡Dios mío, es que esos muchachos no quieren leer ni estudiar!». En una sociedad que privilegia el entretenimiento por sobre el aprendizaje, inadvertidamente podemos estar construyendo un altar a la ignorancia y a una conducta social carente de métodos lógicos y críticos para buscar la verdad.

Sé que has escuchado entre tus jóvenes frases como estas:
«Yo no lo leí, y pasé con una alta calificación».
«Yo me leí el compendio».
«Pero leer, ¿para qué?».
«A mí no me gusta leer».
«Ay, es que me da sueño».
«Ay, yo prefiero ver una película».
«¡Ese mamotreto!».
«¿Me dices de qué trata?».

Creo que estas frases, repetidas y generalizadas, muestran con claridad el problema referido a la falta de aprecio por la lectura y la educación en general. [6]

Los nerds de tu ministerio podrían ser instrumentales para ayudarte a desarrollar experiencias educativas de adiestramiento y de

---

[6] http://viveaotronivel.com/2012/05/17/el-habito-motivacional-de-la-buena-lectura-parte-1-de-3/. Un artículo de mi blog. Acceso obtenido enero 28 de 2013.

crecimiento intelectual en tu ministerio. Y eso resultará factible en la medida en que construyas un ministerio juvenil en el que ellos logren un espacio y puedan brillar con sus dones, talentos y orientación académica. La plataforma de la educación puede ser un vehículo de crecimiento y aceptación para ellos, pues en otras áreas de su vida tienen carencias, y la escuela y sus amigos se han encargado de recalcarlo mediante la exclusión.

¿Qué tal si tuvieras un ministerio de educación cristiana que te ayudara en la investigación de temas bíblicos para jóvenes? ¿Qué tal si tuvieras un club de lectura que trabajara en resumir y bosquejar libros de interés para el ministerio? ¿Qué tal si tuvieras jóvenes tutores dentro del ministerio que pudiesen ayudar a otros jóvenes con rezago académico o dificultades en la escuela? ¿Qué tal si tuvieras algún programa educativo para formar líderes en espacios educativos con la formalidad de los cursos escolares? ¿Te das cuenta de lo valioso de su inclusión y aporte al ministerio?

Haz como Jesús, llama a los Felipes

Durante mis años de universitario tuve oportunidad de servir como tutor de Ciencias Sociales y Humanidades dentro del programa de Servicios Académicos Especiales de la Universidad de Puerto Rico, Recinto de Río Piedras. Esa oportunidad pagó mis estudios universitarios y de posgrado; ser un nerd también tiene sus beneficios. En aquel programa, nuestra tarea era servir a los estudiantes de primera generación universitaria (o sea, cuyos padres no hubieran asistido a la universidad), de escasos recursos económicos o de comunidades no representadas dentro de la población universitaria (marginadas por su condición social). Uno de los más grandes retos, y en ocasiones hasta frustraciones, a los que los estudiantes se enfrentaban era descubrir que cognitivamente comprendían el material, pero tenían serias dificultades para articular su pensamiento y ponerlo por escrito.

En muchísimas ocasiones los estudiantes, luego de las sesiones de tutoría, se daban cuenta de que lo que estaban escribiendo no se articulaba de manera propia con lo que ellos querían decir.

Gracias a Dios, las experiencias de tutoría nos sirvieron para interesarlos en la lectura, pues no había otra forma de ampliar su vocabulario y de brindarles las herramientas para una articulación mental, lingüística y escrita cabal. Luego de años, todavía recibo saludos a través de Facebook y cartas de estudiantes que al leer alguno de nuestros libros, escucharnos por la radio o vernos en algunas iniciativas en televisión, nos escriben agradeciendo ese tiempo de motivación, supervisión, enseñanza y tutoría para que pudieran salir adelante en su vida universitaria.

Ahora, más bien abriendo el corazón de un nerd, te pido que como líder juvenil le des valor a la formación de tus jóvenes para que puedan ser críticos en su acercamiento a las Escrituras, amándolas y atesorándolas. San Jerónimo dijo: «El desconocimiento de las Escrituras es desconocimiento de Cristo». Para el cristianismo, el conocimiento de las Sagradas Escrituras resulta una destreza esencial. El cristianismo, y sobre todo el protestantismo, promovió una actitud de aprendizaje que pavimentó el camino para la revolución científica e industrial. El deseo de leer la Biblia y el discipulado abrieron el camino para la formación de universidades en el siglo XII, instituciones que salieron de las escuelas catedralicias. [7]

Para el creyente, la lectura, la instrucción y la educación bíblica no son una opción, sino una responsabilidad. Consideremos las palabras del propio Jesús al respecto:

> Escudriñad las Escrituras; porque a vosotros os parece que en ellas tenéis la vida eterna; y ellas son las que dan testimonio de mí.
>
> **Juan 5:39**
> Reina Valera 1960 (RVR1960)

> Mas el Consolador, el Espíritu Santo, a quien el Padre enviará en mi nombre, él os enseñará todas las cosas, y os recordará todo lo que yo os he dicho.
>
> **Juan 14:26**
> Reina Valera 1960 (RVR1960)

---

[7] Ibíd.

Como pastor de jóvenes, pude reclutar Felipes y Felipas dentro de nuestra juventud e invitarlos a realizar la misión de alcanzar a otros jóvenes para Cristo. Pudimos nombrar un comité de educación cristiana cuya tarea fue construir la temática de los retiros del año, además de los talleres y experiencias educativas para los adolescentes y jóvenes. En este espacio pudimos darle valor y libertad a la expresión y al aporte de aquellos que por sus dones y habilidades tendían a la formación académica, y no necesariamente a la artística o deportiva.

También, como parte de las tareas de adiestramiento de nuestros líderes, comisionábamos a chicos que disfrutaran de la lectura a fin de ayudarnos a resumir y bosquejar materiales educativos para jóvenes y brindar lecciones sobre el tema. Es una experiencia maravillosa, y te aseguro que te sorprenderás de las habilidades de tus Felipes. Siempre recuerdo con mucha alegría cómo en algunas tareas a las que se les había asignado un presupuesto estrecho (como suele suceder en el ministerio juvenil) vimos la eficacia de los Felipes encargados de maximizar ese presupuesto con cálculos, planes, estrategias y dinamismo, para alcanzar muchísimo a veces con muy poco.

Recluta Felipes para que te ayuden a desarrollar proyectos educativos. Durante nuestros años en la pastoral juvenil participamos en varias experiencias misioneras, locales e internacionales. En julio del 2007 tuvimos la oportunidad de aceptar el reto del proyecto «*Hermánate con Chiapas*», una iniciativa misionera que gestionamos para apoyar en un compromiso de cinco años la tarea misionera de los que considero dos héroes de la fe: los misioneros bautistas Doris y Ricardo Mayol, comisionados a Chiapas, México, para trabajar con las poblaciones mayenses: tzeltales y tzotziles. Diecisiete jóvenes y algunos adultos integraron la comitiva misionera. Para el proyecto, Dios nos proveyó de Felipes y Felipas que hicieron una tarea maravillosa: preparar al equipo a través de una inmersión en la cultura mayense e inclusive estudiando el Popol Vuh. Ese libro es una recopilación de varias leyendas de los k'iche', el pueblo de la cultura maya demográficamente mayoritario en Guatemala. El libro tiene un gran valor histórico, así como espiritual, para estas poblaciones. Se trata de una narración que intenta explicar el origen del mundo, la civilización y los diversos fenómenos que ocurren en la naturaleza. Allí los nerds nos hicimos notar al tomar estas antiguas narraciones, contrastarlas con la Biblia, y hacer presentaciones artísticas sobre ellas con un énfasis evangelístico.

También tuvimos la oportunidad de llevar a cabo una escuela de verano para una comunidad hispana en los Estados Unidos, en la ciudad de Lebanon, en el estado de Ohio. Allí asistimos a los pastores Ángel y Maribel Roig en un esfuerzo evangelístico. Ellos se arriesgaron a recibir a un escuadrón de 21 jóvenes durante casi dos semanas para llevar a cabo ese proyecto. Aquí tres Felipas salieron a nuestro rescate: organizaron junto a mí una escuela para padres, a fin de trabajar con los padres de la comunidad la forma de imprimir valores espirituales a los niños y adolescentes. Fue una iniciativa hermosa. Pero estas tres Felipas se organizaron, ¡y de qué forma! Presupuestaron todo: costo de materiales, inversión por asistente, clases. Investigaron modos de desarrollar dinámicas, niveles de desarrollo por edades cronológicas, desarrollo de los talleres, y además confeccionaron el manual del participante. ¡No les parece extraordinario lo que discípulos nerds como Felipe pueden hacer!

Tus Felipes necesitan las Escrituras

Quisiera finalizar este capítulo haciendo hincapié en rescatar el valor de la formación bíblica de nuestros adolescentes y jóvenes. Mi llegada a la universidad representó un tiempo de dudas, preguntas e inquietudes que casi me llevan a colgar los guantes y abandonar el cristianismo. Pero tuve líderes juveniles que fueron instrumentales en cuanto a considerar las inquietudes de este «discípulo nerd» que, como Felipe, habiendo andado con Jesús toda la vida, proviniendo de una familia pastoral que con integridad servía al Señor, y habiendo experimentado a Dios de manera poderosa en su formación, también llegó a exigir: «Por favor, Jesús, muéstrame al Padre y me basta». Doy gloria Dios por los creyentes maduros y los compañeros de camino que Dios puso allí, en esa etapa de mi vida, para llegar a amar las Escrituras, estudiarlas y poder servir a Cristo como hoy lo hago desde la pastoral, ya que tengo el privilegio de hacerlo.

Como profesantes del cristianismo, el ejercicio de la lectura bíblica resulta fundamental para definir nuestra fe. La revelación especial de Dios al ser humano nos ha llegado a través de la persona de Cristo y mediante su Palabra. ¿Se imaginan cómo sería si no tuviéramos la revelación escritural?

1. Si Dios no nos hubiera provisto las Sagradas Escrituras, no habría ninguna manera de conocer a Dios en su persona, esencia y carácter (o sea, de manera concreta, sólida y profunda) ni de elaborar un sistema de estudios teológicos. La Biblia es obra de la revelación e inspiración de Dios.

2. La Biblia nos provee un conocimiento fundamental de las obras de Dios.

3. La historia de la revelación nos provee un criterio panorámico, interpretativo y pragmático de los tratos de Dios con sus criaturas.[8]

Queridos hermanos y hermanas, líderes juveniles de Latinoamérica y el mundo, los animo a rescatar la lectura como pasatiempo, deleite, disfrute y pasión. Pero muy en especial, a recuperar la disciplina espiritual de la lectura bíblica. Esta Palabra, como dice el redactor de la carta a los Hebreos (4:12), «es viva y eficaz, y más cortante que toda espada de dos filos; y penetra hasta partir el alma y el espíritu, las coyunturas y los tuétanos, y discierne los pensamientos y las intenciones del corazón».

Esa fue la Palabra que cambió a un colérico como Pedro, a un melancólico como Juan y a un nerd como Felipe en grandes hombres de Dios.

---

[8] http://viveaotronivel.com/2012/05/21/no-hay-espray/. Un artículo de mi blog. Acceso obtenido el 28 de enero de 2013.

Capítulo 7
Epílogo: Un ministerio a prueba de nerds

En la epístola de Pedro se le llama a Jesús «el Príncipe de los pastores» (1 Pedro 5:4). Y el apóstol le da ese título para enmarcar la invitación que les hace a los ancianos en cuanto a cuidar la grey del Señor que ha sido puesta en sus manos, de modo que cuando aparezca aquel que es el Pastor entre los pastores, puedan recibir «la corona incorruptible de gloria». O, como lo dice la Traducción en Lenguaje Actual, «un maravilloso premio que durará para siempre».

Hebreos identifica a Cristo como el «autor de la salvación» (Hebreos 2:10), aquel que llevará a muchos hijos a la gloria y que no se avergüenza de llamarlos sus hermanos (Hebreos 2:11). Pablo le da el título de nuestro «hermano mayor» o, según sus propias palabras, «el primogénito entre muchos hermanos» (Romanos 8:29).

Como bien señalé desde el primer capítulo, la Biblia está llena de nerds. Y como hemos visto, los encontramos por todas partes. Y todavía no les he contado la historia del más grande de ellos. Si Pedro dijo de Jesús que era el «Príncipe de los pastores» y Pablo lo llamó «el primogénito entre muchos hermanos», permítanme a mí llamarlo «el más hermoso entre los nerds».

El Evangelio según San Lucas, capítulo 2, versículos del 41 al 52, narra una extraordinaria historia de la infancia de Jesús. Lucas es el único evangelista que dedicó un espacio a relatarla.

El niño Jesús en el templo

> [41] Iban sus padres todos los años a Jerusalén en la fiesta de la pascua;

⁴² y cuando tuvo doce años, subieron a Jerusalén conforme a la costumbre de la fiesta.

⁴³ Al regresar ellos, acabada la fiesta, se quedó el niño Jesús en Jerusalén, sin que lo supiesen José y su madre.

⁴⁴ Y pensando que estaba entre la compañía, anduvieron camino de un día; y le buscaban entre los parientes y los conocidos;

⁴⁵ pero como no le hallaron, volvieron a Jerusalén buscándole.

⁴⁶ Y aconteció que tres días después le hallaron en el templo, sentado en medio de los doctores de la ley, oyéndoles y preguntándoles.

⁴⁷ Y todos los que le oían, se maravillaban de su inteligencia y de sus respuestas.

⁴⁸ Cuando le vieron, se sorprendieron; y le dijo su madre: Hijo, ¿por qué nos has hecho así? He aquí, tu padre y yo te hemos buscado con angustia.

⁴⁹ Entonces él les dijo: ¿Por qué me buscabais? ¿No sabíais que en los negocios de mi Padre me es necesario estar?

⁵⁰ Más ellos no entendieron las palabras que les habló.

⁵¹ Y descendió con ellos, y volvió a Nazaret, y estaba sujeto a ellos. Y su madre guardaba todas estas cosas en su corazón.

⁵² Y Jesús crecía en sabiduría y en estatura, y en gracia para con Dios y los hombres.

Lucas 2:41-52
Reina Valera 1960 (RVR1960)

José y María, al regresar de la peregrinación a Jerusalén para la celebración de la pascua judía, se percataron de que Jesús no estaba con ellos ni con ninguno de sus familiares o conocidos. Regresaron al templo, y luego de tres días, lo encontraron *«sentado en medio de los doctores de la ley, oyéndoles y preguntándoles»* (versículo 46). Y no solamente eso, sino que los doctores y conocedores de la ley con los que hablaba *«se maravillaban de su inteligencia y de sus respuestas»* (versículo 47). Sí, así como lo oyen, el Hijo de Dios, simple y sencillamente era un nerd.

Siempre se ha destacado en esta historia el célebre dicho de Jesús ante el cuestionamiento de sus padres por su ausencia, por haber desaparecido (Hijo de Dios y todo, pero sus padres tendrían ganas de matarlo, creo): *«¿No sabéis que en los negocios de mi padre me es necesario estar?»*. Pero a mí me impresiona aun más la descripción que hace el evangelista Lucas de la vida de Jesús en el versículo 52: *«Y Jesús crecía en sabiduría y en estatura, y en gracia para con Dios y los hombres»*.

Él es nuestro ejemplo a seguir. Esa debería ser nuestra meta para para el ministerio juvenil que lideramos, y principalmente para con nuestros nerds. Nuestro deseo es que crezcan no solamente en su talla intelectual académica, para la que ya han sido dotados por diseño divino y por los dones recibidos, sino que también puedan adquirir en sus vidas estas tres cosas que logró Jesús: sabiduría, estatura y gracia para con Dios y los hombres.

Podemos tener una inteligencia que deslumbre y aun así ser poco sabios. La sabiduría no se puede medir a través de una prueba de coeficiente intelectual. La sabiduría es la aplicación de la inteligencia y el conocimiento para alcanzar una vida buena, armoniosa, productiva. Y comienza por el temor a Dios. Debemos procurar también que nuestros nerds crezcan en su dimensión física como seres humanos y que puedan salir de su encierro, de su falta de contacto con el mundo y hasta con las demás personas. Que puedan crecer y madurar para ser adolescentes queridos y funcionales dentro de su contexto. Y lo que es más importante aún, que sean capaces de crecer en gracia para con Dios y para con los hombres.

Nos toca ayudar a nuestros jóvenes a crecer como Cristo lo hizo. Y como él es el «más hermoso entre los nerds», debemos tener como aspiración que en eso también nosotros y ellos podamos imitarlo.

BIBLIA PARA EL LÍDER DE JÓVENES

Nueva Versión Internacional

PREGUNTAS
PROVOCATIVAS 1 Y 2

DILEMAS
QUE ENSEÑAN

LÍDERES MODELO

GABRIEL SALCEDO

LÍDERES MODELO

Editorial Vida

MOSTRANDO EL CAMINO A LA NUEVA GENERACIÓN

Nos agradaría recibir noticias suyas.
Por favor, envíe sus comentarios sobre este libro
a la dirección que aparece a continuación.
Muchas gracias.

Vida@zondervan.com
www.editorialvida.com